Tatjana Kuschtewskaja

Mein geheimes Russland

AF649389

Tatjana Kuschtewskaja

Mein geheimes Russland

Begegnungen und Erlebtes

Aus dem Russischen von
Ganna-Maria Braungardt, Steffi Memmert-Lunau
und Alexander Nitzberg

EDITION
Noack & Block

Umschlagabbildung: Gemälde aus der Serie *Russland* von Janina Kuschtewskaja

Die hier versammelten Reportagen sind zum Teil für dieses Buch
neu geschrieben worden und zum Teil bereits im Jahr 2000
in einem Band gleichen Titels im Düsseldorfer Grupello Verlag erschienen.

ISBN 978-3-86813-172-7

© Edition Noack & Block in der Frank & Timme GmbH
Berlin 2023. Alle Rechte vorbehalten.

Das Werk einschließlich aller Teile ist urheberrechtlich geschützt.
Jede Verwertung außerhalb der engen Grenzen des Urheberrechts-
gesetzes ist ohne Zustimmung des Verlags unzulässig und strafbar.
Das gilt insbesondere für Vervielfältigungen, Übersetzungen,
Mikroverfilmungen und die Einspeicherung und Verarbeitung in
elektronischen Systemen.

Herstellung durch Edition Noack & Block
in der Frank & Timme GmbH,
Wittelsbacherstraße 27a, 10707 Berlin.
Gedruckt auf säurefreiem, alterungsbeständigem Papier.

www.noack-block.de

Inhalt

Es gibt nichts Menschlicheres im Menschen als den Drang, die Vergangenheit mit der Gegenwart zu verbinden.

F. I. Tjutschew

Wer sagt uns, daß alles verschwindet?

R. M. Rilke

Vorwort zur Neuauflage

Umberto Ecco sagte einmal, dass er lange über eine Frage nachgedacht habe, deren Antwort er nicht treffend formulieren konnte: Was zwingt den Schriftsteller dazu, zu schreiben? Seine Antwort lautet: Der Schriftsteller wird von einem so genannten »narrativen lmpuls« bewegt. Meinen »narrativen lmpuls« gab mir mein Vater, Wasilij lwanowitsch Kuschtewski. Er war es, der mich dazu anhielt, Tagebuch zu führen und jeden Tag zu schreiben. Seit meiner Kindheit war Schreiben für mich ein ganz natürlicher Vorgang, ähnlich wie ein Baum Früchte trägt oder die Erde Pflanzen hervorbringt.

Mein Vater hat ukrainische Wurzeln. Er wurde im Osten der Ukraine geboren und wuchs dort auch auf, im Donezker Gebiet. Dort verbrachte auch ich meine Kindheit und frühe Jugend. Der erste Eintrag in meinem Tagebuch berichtet von einer Wanderung in die Steppe, an der Seite meiner Großmutter, die im Umkreis des Dorfes Heilkräuter sammelte. »Dieser Steppenboden ist so magisch, erzählte sie mir, dass es genügt, wenn sich der Mensch für einen Tag darin vergräbt, damit er von allen Krankheiten geheilt wird, und falls nötig, von den Toten aufersteht ...«

Meinen ersten Tagebucheintrag schrieb ich in ukrainischer Sprache. Seither ist Schreiben für mich Vergnügen und Freude. Manchmal aber auch das Gegenteil. Wenn ich etwas aufschreibe, scheint es aus dem Gedächtnis gebannt zu sein. Aufgeschrieben und vergessen. Mein Vater lebte ein harmonisches, kristallklares Leben. Er war Kriegsveteran, Frontkämpfer, durchlebte den Zweiten Weltkrieg vom ersten bis zum letzten Tag, er hat sich niemals kompromittiert. Er gab mir ein Vermächtnis fürs ganze Leben mit auf den Weg: Der Mensch ist nicht das, was die Umstände aus ihm machen, sondern das, was er selbst aus sich macht.

Der Krieg im Osten der Ukraine begann lange vor dem Februar 2022. Unser Dorf zählte zur »grauen Zone«, zwischen der Ukraine und dem von Russland besetzten ehemaligen ukrainischen Gebiet.

Am 12. Juni 2016 starb mein Vater in seinem Heimatort, in dem kleinen Steppendorf Novgorodskoje im Donezker Gebiet. Er war 97 Jahre alt. Er starb den leichten Tod eines Gerechten. Nur eines beunruhigte ihn: In der letzten Zeit waren im Dorf ohne Unterlass die Schläge der schweren russischen Artillerie zu hören gewesen. Unser altes Haus zitterte regelrecht beim schrecklichen Dröhnen der Geschütze. Mein Vater lauschte und sagte mit Bitterkeit in der Stimme: »Ich habe den ganzen Krieg miterlebt. Wofür, wofür wird jetzt auf mich geschossen?«

Das waren seine letzten Worte. Ich nehme an, dass DORT alles gut für ihn ist. Vielleicht betet er für seine geliebte Ukraine, für uns. Der Herr wird ihn erhören, was das betrifft, können wir sicher sein.

Oktober 2022

»Ohne meinen Mosaikstein bliebe die Epoche unvollständig«

Es gibt zweierlei Russland. Das eine sehen die Deutschen auf dem Bildschirm oder in Büchern deutscher Fernsehjournalisten. Das andere Russland erzählt selbst von sich. Es schreibt über sich und sieht sich von innen, und das ist sachkundiger und tiefer.

Ich habe dieses Buch als Montage von Fotodokumenten und dokumentarischen Erzählungen angelegt. Entstanden ist eine Collage, in der sich das unbewegliche Bild »bewegt« – ein literarisches Experiment mit einer Camera Obscura –, am Beispiel eines einzelnen Lebens werden das Leben, die Geschichte, der Alltag, die Sitten und Traditionen des gesamten russischen Volkes eingefangen.

In diesem Mosaik, dessen Originalität auf der Einheit des Unvereinbaren und der Verbindung des Unverbindbaren beruht, treten die Fotos in einen überraschenden Dialog mit der Landschaft der menschlichen Seele am Ende dieses Jahrtausends. Dieses Genre hat Solschenizyn als »Erfahrung der künstlerischen Analyse« definiert. Wir leben in zwei Dimensionen gleichzeitig – im Jetzt und im Einst. Und wichtig ist, wie Russlands Vergangenheit mit dem Heute in Wechselbeziehung steht.

Ein besonderes Merkmal guter Dokumentarprosa ist die Verdichtung, möglichst wenig Wasser. Ich wünschte mir, meine Dokumentarerzählungen so zu schreiben, dass beim Lesen Gedankenketten, Erinnerungen, Assoziationen entstehen.

In das Buch sind Reportagen, Skizzen, Essays, interessante Szenen und Porträts von Menschen eingegangen, von denen einige die Welt bereits verlassen haben. Mich aber haben sie nicht verlassen. Das Buch enthält alles, was mein Leben in der nachstalinistischen Ära bestimmt hat.

»Ohne meinen Mosaikstein wäre die Epoche unvollständig«, habe ich vor langer Zeit auf die erste Seite meines Tagebuchs geschrieben. Viele Jahre später fand ich bei dem Schriftsteller Andrej Platonow den bemerkenswerten Gedanken: Ohne mich ist das Volk nicht vollständig.

Das Leben ist ein Gemälde von Symbolen, und jeder, der dir begegnet, ist eine Stimme von draußen. Ich habe häufig die Helden meiner Reportagen und Dokumentarfilme fotografiert. Als es mehr als tausend Fotos waren, bemerkte ich ein Phänomen: Die Bilder strahlten plötzlich ein »Ortsgedächtnis« aus. Bilder, auf denen Augenblicke festgehalten sind, die, so sollte man meinen, längst in die Lethe eingegangen sind, beweisen: Die Vergangenheit verschwindet nicht, sie geht in eine für uns nicht sichtbare Dimension über.

Als ich das vergangene Leben auf dem Papier wiedererweckte und den Text mit den Fotos verband, hatte ich den Wunsch, die Vergangenheit neu und mit Abstand zu sehen und meine Fähigkeit zu überprüfen, »mich lange und klar zu erinnern«, wie der Linguist Wladimir Dal einmal eine besondere Fähigkeit des russischen Volkes charakterisierte.

Nicht mehr und nicht weniger!

»Nicht mehr und nicht weniger!« – so lautete das geheimnisvolle Motto im Wappen der Vorfahren dieses Mannes, die im 12. Jahrhundert aus Frankreich geflohen und vom Schicksal nach Russland verschlagen worden waren.

Ich lernte Lew Sergejewitsch Termen kennen, als er schon weit über achtzig war. Ein Mann mit dem bizarrsten Schicksal, von dem ich je erfahren habe. Während unseres Gesprächs überkam mich plötzlich Verzweiflung – ich glaubte, ich würde nicht über ihn schreiben können, würde es einfach nicht schaffen. Dieser Mann war wie ein gewaltiger Berg. Stellen Sie sich einen der höchsten Gipfel der Erde vor, etwa den Mount Everest. Den sollen Sie besteigen. Aber Sie sind kein Bergsteiger und besitzen auch keine geeignete Ausrüstung. Nur Sandalen. Und so beginnen Sie den Aufstieg.

Dieses Gefühl hatte ich bei der Begegnung mit diesem Mann. Während er mir von seinem unglaublichen Leben erzählte, schrieb ich, inspiriert von seinem Bericht, eifrig mit, schrieb und schrieb. Doch dann, wieder allein, verzweifelte ich: Sein Leben in einer kurzen Skizze zu erfassen, war unmöglich! So vieles war zu beschreiben: begeisterter Beifall in den besten Konzertsälen der Welt, erstaunliche Erfindungen, Begegnungen mit den größten Berühmtheiten seiner Zeit – Albert Einstein, Charlie Chaplin, George Gershwin, Bernard Shaw, Rockefeller, Lenin, Stalin – erstaunlich unterschiedliche Menschen haben sein Schicksal tangiert. Es gab in seinem Leben Reichtum, Ruhm, eine große Liebe – und Jahrzehnte Gefängnis, Lager, Zeiten schrecklichen Hungers, so schlimm, dass »den Dochodjagi* davon die

* Dochodjagi – vom Hunger ausgezehrte, entkräftete, apathisch gewordene Häftlinge.

Haare ausfielen. Die Menschen wurden kahlköpfig.« Er musste lernen, sich zu wehren, um Chaos, Armut, Hunger und Rechtlosigkeit zu überstehen. »Wie ich überlebt habe? Das sind schlimme Erinnerungen.«

Dabei hatte alles so wunderbar angefangen. Er wurde 1896 in einer Adelsfamilie geboren, studierte am St. Petersburger Konservatorium und parallel an der Elektrotechnischen Militärhochschule, dem späteren Leningrader Polytechnischen Institut. Sein Diplomprojekt zum

Studienabschluss 1926 war der erste sowjetische Fernseher, ein Gerät mit einem für die damalige Zeit riesigen Bildschirm – ein Meter mal ein Meter. Stalin gefiel die Erfindung so sehr, dass er sie sofort für geheim erklärte und befahl, diesen Wunderbildschirm für den Grenzschutz nutzbar zu machen. Deshalb wurde der Erfinder des ersten sowjetischen Fernsehers in keinem Lexikon erwähnt. So war das damals. Bereits zuvor, in den 20er Jahren, hatte der begabte Erfinder und Musiker das erste elektronische Musikinstrument gebaut und ihm seinen Namen gegeben: Thereminovox (Termens Stimme, in Europa als »Ätherophon« bekannt geworden). Durch Handbewegungen in der Luft vor einem Metallschirm wurden Töne erzeugt, eine wundervolle, großartige Musik aus dem Nichts. Der erste, den diese Erfindung faszinierte, war Lenin. In der Erfindung steckte ein Geheimnis – sie konnte nicht nur als Musikinstrument, sondern auch als Alarmanlage zu Überwachungszwecken genutzt werden. »Weltrevolution in der Musik« schrieben die Zeitungen in Deutschland, Frankreich und England, wo Lew Termen in den 20er Jahren mit großem Erfolg gastierte. In den 30er Jahren ging er dann auf Vorschlag des Volksbildungskommissariats für zehn Jahre nach Amerika – Konzerte in der Carnegie-

Hall, ein eigenes Studio, unzählige Anhänger, eine Firma, die Ätherophone produzierte. In sein Studio kamen George Gershwin, Maurice Ravel, Jascha Heifetz, Yehudi Menuhin – alle berühmten Musiker jener Zeit. Zu seinen Besuchern zählten die Schriftsteller Bernard Shaw und Gerhart Hauptmann und die Regisseure Charlie Chaplin und Sergej Eisenstein. Albert Einstein spielte mit ihm zusammen moderne Jazzimprovisationen nach Gershwin – bestimmt ein großartiges Duo! Einstein suchte damals nach einer Analogie zwischen Musik und Raumbildern. Und Lew Termen war von der Idee besessen, ein Musikinstrument zu erfinden, das die Töne nicht nur durch Handbewegungen, sondern durch die Bewegung eines tanzenden Körpers erzeugte, so dass der Tanzende die Musik gleichsam »diktierte«.

Lew Termen wurde Millionär. Er war reich, berühmt und gutaussehend. Häufiger Gast in seinem Studio war der junge Oberst Eisenhower, der ganz vernarrt war in das Ätherophon. Zu Termens Freunden gehörten die Millionäre Dupont, Rockefeller und Ford.

Dann kam eines Tages die große Liebe, und er heiratete eine sehr schöne Frau – die begabte schwarze Tänzerin Lavinia Pool.

Wir sitzen in der winzigen Einzimmerwohnung des greisen Lew Termen, die vollgestopft ist mit Kisten und Geräten. Der hagere Mann mit den lebhaften dunklen Augen, fast neunzigjährig, die ganzen letzten Jahren als bescheidener Mechaniker am Akustik-Lehrstuhl der Moskauer Universität beschäftigt, erzählt schlicht und alltäglich von seiner Vergangenheit, zeigt mir Zeitschriften, Dokumente, Kopien von Artikeln. Plötzlich stelle ich fest, dass ich nur gebannt lausche. Das Mitschreiben habe ich vergessen. Doch auf einmal verstummt der Greis und sieht aus dem Fenster, als gäbe es dort etwas Fesselndes zu sehen. Ich schaue ihn an: Er ist nicht sehr groß, kahlköpfig, sein längliches Gesicht voller Runzeln. Aber es geht etwas von ihm aus, das ich mir nicht erklären kann. In dem fast

Neunzigjährigen steckt eine große bewusste innere Kraft, die ich auch spürte, säße er nur schweigend neben mir. Ich wünschte, der Abend dauerte endlos, Termen möge erzählen von seinem erstaunlichen Leben und nicht mehr aufhören. Was hat er nur mit diesem Fenster, denke ich, dass er sich gar nicht davon losreißen kann! Aber ich wage nicht, ihn zum Weitererzählen zu drängen, sondern warte geduldig. Und fürchte auf einmal, er habe mich und meine Fragerei satt, ich sei in dieser kleinen Wohnung voller Elektronik, Mappen und Zeichnungen ganz und gar überflüssig. Er sitzt ganz ruhig da. Wie ein Berg. Mir kommt in den Sinn, dass es wohl diese innere Ruhe war, seine innere Kraft, die ihn die Jahrzehnte schlimmster Lagerhaft ertragen ließ.

Plötzlich bricht er das Schweigen und kehrt in Gedanken wieder nach Amerika zurück. In mir bohrt die Frage: Wie konnte er in dieser Zeit zehn Jahre lang in den USA leben? Dahinter steckt bestimmt ein Geheimnis. Der Greis, als hätte er meine Gedanken erraten, sagt leise: »Ich habe mit den Politikern und amerikanischen Militärs, wie Sie verstehen können, nicht nur über die Musik gesprochen. Ich musste herausfinden, ob die USA Angriffspläne gegen die UdSSR hegten. Ich erfuhr, dass wir von dieser Seite nichts zu fürchten hatten und unser künftiger Gegner Nazi-Deutschland sein würde. Diese Informationen waren damals sehr wichtig.«

1938 wurde Lew Termen in die Heimat zurückbeordert. Was er in Moskau sah, entsetzte ihn: Verhaftungen, Folterungen, Denunziationen, Angst. Er musste erleben, von Freunden verraten zu werden. Er redet darüber schlicht und aufrichtig: »Ob ich den Freunden verziehen habe, die mich verrieten? Ja, ich habe ihnen verziehen. Wenn ich nicht verzeihen könnte, wäre es um mich öd und leer. Verrat ist heutzutage normal geworden. Ich versuche, diese Menschen zu verstehen und immer daran zu denken, woran der Hahn auf protestantischen Kirchen gemahnt: An Petrus, der sich dreimal von Jesus losgesagt hat. Jesus hat ihm verziehen. Also, kann ich schon gar keinen verurteilen oder richten. Man muss Vergebung lernen, sonst bleibt man einsam.« – »Kann man wirklich alles vergeben?« frage ich. »Ich kann nur eines nicht vergeben – dass unschuldige Menschen ins Verderben gestürzt wurden. Das Leben ist ein großer Wert, niemand hat das Recht, darüber zu verfügen, zu bestimmen, ob jemand leben darf oder nicht.«

Die Verhaftungen liefen auf Hochtouren. Termen war erst ein paar Monate wieder in Russland, da wurde auch er abgeholt. Der Volksfeind Lew Termen wurde nach Sibirien geschickt, von dort nach Kolyma. Er hackte gefrorenen Boden auf, litt unter Erfrierungen, tauschte, wenn er Glück hatte, »was zum Rauchen« gegen Brot. Doch selbst dort erfand er etwas: eine Einschienenlore, die den Gefangenen die Arbeit erleichterte.

Hatte er, ein Freund von Eisenhower, Rockefeller und Chaplin, dort manchmal an Amerika gedacht? Der Alte lächelt traurig. »Meine amerikanischen Freunde waren überzeugt, ich sei 1938 gestorben, so stand es auch in ausländischen Lexika: ›Lew Termen. 1896–1938.‹ Für sie war ich tot. Aber ich lebte noch. Was hat mir geholfen, Kolyma zu überleben? Die Fähigkeit, nicht in Weltschmerz zu versinken, den Rücken nicht zu beugen, und das Wissen, das alles vergänglich ist. Ich gehörte und gehöre zu den ›freidenkenden Christen‹, deren Aufkommen schon Tolstoi und Leskow prophezeit haben. ›Gott in der Seele‹. Wissen Sie, was das bedeutet? Dass man weiß, das Wesen Gottes ist überall, erst recht in uns. Ich musste Gott in meiner Seele bewahren in einer Zeit, da es im ganzen Land keinen Menschen gab, auf den ich hören, dem ich glauben wollte, auf den ich aufrichtig und rückhaltlos stolz sein konnte.«

Doch das Schicksal von Lew Termen erfuhr noch eine überraschende Wendung. Bei Kriegsausbruch wurde der begabte Erfinder unter Bewachung nach Moskau gebracht, wo er in einem geheimen

Konstruktionsbüro mit dem künftigen berühmten Konstrukteur von Raumschiffen Sergej Koroljew zusammenarbeiten sollte. Unter Bewachung, noch immer als Gefangener. Lew Termen erfand ein funktechnisches Gerät, für das er 1947 trotz der Begleitumstände den Stalinpreis bekam. Ein außergewöhnlicher Fall! Doch aus der Haft entlassen wurde er erst 1958, in den sechziger Jahren schließlich rehabilitiert. Seine einstigen Kommilitonen waren inzwischen Akademiemitglieder oder in Lagern umgekommen. Er aber hatte überlebt, kehrte »von dort« zurück, krank, aber innerlich nicht gebrochen. Später fand er eine Stelle als einfacher Mechaniker am Lehrstuhl für Akustik der Moskauer Universität. Kaum einer der Studenten, die an dem älteren, unscheinbaren Mitarbeiter vorbeihasteten, wusste, dass er eine lebende Legende war. Ein Mythos, ein Samson, ein David, ein Goliath, ein Titan. Er war wie alle und doch anders. Die Zeit der Propheten war in Russland vorbei, ohne recht begonnen zu haben. Alle alten Propheten waren tot oder fragwürdig. Und die echten waren für diese jungen Leute zu einfach und zugänglich, zu »wirklich«.

Bis an sein Lebensende erfand und baute Lew Termen neue, ungewöhnliche Instrumente, zum Beispiel solche, die durch Augenbewegungen gesteuert wurden, hielt Vorlesungen, baute Kopien seines ersten Ätherophons, befasste sich wieder mit Forschungen zum Gravitationsfeld, die ihn sein Leben lang interessiert hatten. Er starb kurz vor seinem hundertsten Geburtstag.

In meiner Erinnerung ist er einer der eindrucksvollsten, begabtesten Menschen, ohne die ich mir dieses Leben nicht vorstellen kann. Nicht mehr und nicht weniger.

Als ich an diesem Text arbeitete, stieß ich auf einen Artikel im Berliner Stadtmagazin *zitty* (Nr. 26/1999) über die Wiederentdeckung des von Lew Termen erfundenen sphärischen Instruments, des Ätherophons oder Theremins. In der letzten Zeit, so heißt es dort, erlebt es eine kleine Renaissance.

Eine russische Venus

Diese Frau war in ihrer Jugend eine blendende Schönheit mit einer wundervollen Figur. Sie stand vielen russischen Malern und Bildhauern Modell. Es heißt, dass sie 1954 auch Modell für das berühmte Bild

»Der Frühling« von Arkadi Plastow gestanden hat, auf dem eine wunderschöne nackte Frau mit langen goldenen Haaren im nicht überdachten Umkleideraum einer Sauna ihr kleines Mädchen anzieht, sie bindet ihr ein großes warmes Wolltuch um. Schneeflocken fallen, unter ihren Füßen liegt goldenes Stroh, die Baumstämme über dem Eingang zum Badehaus sind geschwärzt vom Rauch, in der Ferne sieht man einen Abhang, auf dem der Schnee schon getaut ist, kleine Häuschen, Bäume mit Krähennestern … Auf dem Bild erkennt man gleich das Dorf Prislonicha im Gebiet von Uljanowsk, in dem der Maler lebte und wo sich bis zum heutigen Tag noch sein Atelier befindet. Dieses Bildes wegen habe ich einmal eine Wallfahrt nach Prislonicha gemacht.

»Der Frühling« ist ein geniales Kunstwerk! Diese armseligen dunklen Holzstämme erzeugen im Kontrast zu dem leuchtenden, jungen und straffen Körper der Frau ein trauriges, lebendiges Gefühl. Das ist eines meiner Lieblingsbilder.

Und nun sitzt diese Frau, Moskauerin, das Modell des Künstlers, vor mir. Darja Iwanowna.

»Nennen Sie mich einfach Darja«, sagt sie sanft lächelnd. Ich bin sehr verwundert. Ja, sie ist jetzt eine alte Frau, sie ist müde, ihre blauen Augen sind traurig. Von der alten Schönheit der »russischen Venus«, wie die Maler sie nannten, keine Spur mehr. Aber sie kommt einem nicht armselig und verlassen vor. Auf ihrem Gesicht liegt etwas Liebes, Sympathisches, Offenes, etwas Russisches. Was ist es, das ihr diese innere Würde, die Freundlichkeit, das Lächeln, die gute Laune erhalten hat?

»Merken Sie sich, was ich Ihnen jetzt eröffne. Denken Sie immer an die ›Hygiene des Geistes‹! Wenn sie fehlt, dann verändert sich das Gesicht unweigerlich. Es bilden sich hässliche Falten, skeptische Vertiefungen, scheinheilige Erschlaffungen, mürrische Mundwinkel und eine neidische Schieläugigkeit! Glauben Sie mir, ich habe mein ganzes Leben keinen anderen Menschen beneidet, ich habe unbeschwert gelebt und mich bemüht, allen zu helfen, denen es schlecht ging, und die zu trösten, die keinen Mut mehr hatten. Vergessen Sie also nie die ›Hygiene des Geistes‹. Weg mit der Verzagtheit und der verheerenden Selbstzerfleischung! Da kann man gleich mit einer armseligen Mimik und dem Schimmel des Überdrusses rechnen, was sich auch bald im Gesicht abzeichnet. Es drückt sich auch im Körper aus. Und dann werden Sie vergessen, was es heißt, im Sommer spazierenzugehen und die Schultern zu entblößen und alles, was man in meinem Alter noch entblößen kann.«

Wir kichern beide. Ich höre ihr zu und blicke von Zeit zu Zeit auf die Reproduktionen verschiedener Bilder, die sie offenbar aus Zeitschriften ausgeschnitten und mit Reißzwecken an die Wand geheftet hat. Wie schön sie war! Besonders auf meinem Lieblingsbild »Der Frühling«. Darja erinnert sich:

»Plastow arbeitete rastlos. Und was interessant ist, wenn er Skizzen anfertigte, scherzte er oder erzählte mir etwas. Oder er stellte mir Fragen. Wenn er aber den Pinsel in die Hand nahm, dann schwieg er, wurde ganz ernst und lächelte nicht mehr. Als ob er nichts mehr hörte und sah … Wissen Sie, wie man ihn wegen dieses Bildes kritisiert hat? Warum, so hieß es, musste er so eine Armut darstellen, so ein uraltes Dampfbad? Warum hatte er nicht eine gute, moderne Sauna abbilden können, hieß es. Er aber schwieg, und eines Tages sagte er mir: ›Weißt du, ohne dieses alte Dampfbad würde auf dem Bild etwas fehlen.‹

Und er erzählte mir noch eine tragikomische Geschichte. Erinnern Sie sich an sein Bild ›Das Abendbrot des Traktoristen‹? Da steht ein Traktor, die Sonne geht unter, der Traktorist schneidet sich ein Stück von einem runden Bauernbrot ab, und ein Mädchen schenkt ihm Milch ein. In diesem Bild lebt die russische Seele, so viel Liebe drückt es aus. Und die Kommission wollte dieses Bild bei einer Diskussion verreißen: Worauf wollen Sie anspielen, hieß es. Dass ein sowjetischer Traktorist nur Brot und Milch bekommt? Plastow entgegnete: Der Traktorist hat schon ein gebratenes Hähnchen gegessen und trinkt nun Milch!«

Wir lachen erneut, und ich betrachte sie in diesen Minuten mit großem Vergnügen. Als ob alle Charakterzüge sich in ihrer fröhlichen, jungen Stimme gebündelt hätten. In dieser Frau, in ihrer Erscheinung und in ihrer Stimme war etwas, was mich verzauberte. In diesem Augenblick zweifelte ich nicht mehr daran, dass sich der fünfzigjährige Wassili Kandinsky am Telefon in die Stimme einer Unbekannten (die später übrigens seine Frau wurde) verlieben und das Aquarell »An eine Stimme« malen konnte. Darjas Stimme hatte eine ähnliche Wirkung.

Als ich meinen deutschen Studenten, die russische Sprache, Kultur und Kunst studieren, einen Bildband über die Malerei des 19. und 20. Jahrhunderts mitbrachte, stellte sich heraus, dass sie nur die Künstler der russischen Avantgarde vom Anfang des 20. Jahrhunderts kannten. Wie waren sie erstaunt, als sie mein Album betrachteten!

Trotz des Sieges des sozialistischen Realismus in der UdSSR in den dreißiger Jahren gab es Maler, die wunderbare Bilder im Stil des Neoimpressionismus schufen (L. Bruni, S. Wirsaladse, I. Grabar, W. Dmitrijew, W. Konaschewitsch, P. Kontschalowski, P. Korin, N. Krymow, T. Mawrina, E. Moisejenko, A. Plastow), oder des Expressionismus (A. Dejneka, J. Pimenow und andere).

»Schade, dass man in Deutschland nur sehr wenige Bücher über die russische Malerei des 19. und 20. Jahrhunderts kaufen kann. Die Buchläden führen sie einfach nicht. Der Westen demonstriert seine Macht und drängt uns seine ästhetischen Kanons auf«, sagten die Studenten an jenem Abend. Und ich erinnerte mich an die bitteren, aber gerechten Worte der wunderbaren russischen Malerin Natalja Gontscharowa, die 1962 in Paris starb: »Jetzt aber schüttele ich den Staub von meinen Füßen ab und entferne mich vom Westen, da ich seine alles nivellierende Haltung als oberflächlich und unbedeutend erkenne. Ich gehe zum Ursprung aller Kunst zurück – in den Osten. Die Kunst meines Landes ist ungleich tiefer als alles, was ich im Westen kenne.«

Das letzte Gespräch mit Eisenstein

Auf dem Foto sehen Sie meinen Lehrer an der Moskauer Filmhochschule (WGIK), Professor Ilja Weniaminowitsch Weisfeld, und mich. Er war mit vielen berühmten Menschen seiner Zeit befreundet, mit Sergej Eisenstein, Michail Bulgakow, Anna Achmatowa … Er war ein kluger, schöner und talentierter Mann und konnte wunderbar erzählen. Vieles habe ich aufgeschrieben. In den schweren Jahren, als man in unserem Land den Menschen wie ein Schräubchen behandelte, das man leicht durch ein anderes ersetzen konnte, als die Persönlichkeit nivelliert wurde, hat er uns, seine Schüler, in einem gänzlich anderen Geist erzogen. Die Persönlichkeit – das war für ihn das Wichtigste. »Jeder von euch«, so sagte er, »ist einmalig und begabt, und jeder muss sich selbst verwirklichen, soweit es geht.«

Unser zukünftiges Leben wurde auf die eine oder andere Weise vom Charakter und der Persönlichkeit dieses Menschen bestimmt. Wir haben ihm viel zu verdanken.

Folgende Anekdote mit Eisenstein hat er uns manchmal lachend erzählt:

»Einmal haben junge Regisseure der Filmhochschule Eisenstein ihre Arbeiten gezeigt. Einen hob Eisenstein besonders lobend hervor: »Das ist ein Talent!«

»Und die übrigen?« wurde er besorgt gefragt.

»Die übrigen sind Genies.«

Wir, die zukünftigen »Genies«, fragten unseren Professor oft über seine Begegnungen und seine Zusammenarbeit mit Eisenstein aus. Ich erinnere mich an seine Erzählung über das letzte Gespräch mit Eisenstein, das einen Tag vor dem Tod des großen Regisseurs stattfand.

»Wir haben in Moskau im selben Haus gewohnt, auf der Potylicha 54b.

Im Winter 1948 verboten die Ärzte Eisenstein, seinen Film zu Ende zu drehen, da er mehrere schwere Herzinfarkte hinter sich hatte. Aber schreiben, lesen und sich mit Freunden und Schülern treffen, das erlaubten sie. Einige Tage vor seinem Tod war er sogar noch einmal in einem Antiquariat, um sich Bücher zu kaufen, die er besonders liebte.

In dieser Zeit sahen wir uns häufig. Eisenstein arbeitete an der Geschichte des sowjetischen Films. Er gab mir seine Entwürfe zu lesen. Ich sollte am Seitenrand meine Bemerkungen machen und einen eigenen Plan und Prinzipien der Periodisierung entwerfen und ebenfalls einen breiten Rand für seine Bemerkungen lassen.

Das letzte Gespräch zwischen Eisenstein und mir fand am Abend des 9. Februar 1948 statt.

… Mit der Haushälterin von Eisenstein, Tante Pascha, hatte ich verabredet, dass sie mit einem Eisenstab gegen die Heizungsrohre klopfen solle, falls etwas mit Sergej Michailowitsch passierte.

In der Nacht vom 10. zum 11. Februar klopfte es.

Als wir in die Wohnung von Eisenstein traten, lag er bewegungslos am Boden. Das war sein letzter Infarkt.

Auf dem Tisch fand ich ein noch nicht abgeschlossenes Manuskript. Der Tod hatte Eisenstein in einem Moment getroffen, als er eine wissenschaftliche Abhandlung schrieb. In Form eines Briefes an den bekannten Filmwissenschaftler Kuleschow, den er auf dessen Bitte hin verfasst und dem Farbfilm gewidmet hatte. Die letzte Zeile war ganz durcheinander geraten. Dahinter stand eine Notiz: ›An dieser Stelle bekam ich einen Herzkrampf. Die Spur kann man an der Handschrift erkennen.‹ Am Ende der Seite stand: ›Meine Mutter ist meine Heimat.‹

Bevor ich Ihnen von meinem letzten Gespräch mit Eisenstein erzähle, möchte ich mich an die Tage erinnern, die ihm vorausgingen.

Als Eisenstein zur Erholung in einem Sanatorium bei Moskau, in Barwicha, weilte, tauchte er manchmal völlig unerwartet in Moskau auf, mal in seiner Wohnung, mal bei uns, wenn Tante Pascha nicht da war. Er musste unbedingt seine Diätvorschriften über den Haufen schmeißen. Er aß gerne Süßigkeiten und ließ keine Gelegenheit aus, von der verbotenen Frucht zu naschen. Aber was ihm am meisten schadete, waren die kolossalen Belastungen beim Drehen. Außerdem dürfen wir nicht vergessen, dass die Verfolgungen seitens der Filmbürokratie und die Tatsache, dass er bei Stalin in Ungnade gefallen war, dem Herzen des wundervollen Mannes geschadet hatten. Seine frappierende Intuition sagte ihm das Nahen einer tragischen Lösung des Konflikts voraus.

Das Telefon klingelte: ›Könnten Sie jetzt gleich zu mir kommen?‹

Ich steige die Treppe hoch zur Wohnung von Eisenstein. Er empfängt mich an der Tür: ›Ich habe etwas, womit ich mich brüsten kann: Mir ist heute die Medaille zum 800. Jahrestag Moskaus verliehen worden. Agejew, der Sekretär des Parteibüros für Filmkunst, war da und Antonow, der Direktor von Mosfilm. Wir haben jeder ein Glas hinter die Binde gekippt. Ein kleiner Ersatz für ein Bankett. Schade, dass ich nicht trinken darf.‹

Wir sprachen von einem anderen Jubiläum, vom Abend zu Ehren seines 50. Geburtstags, der immer wieder aufgeschoben wurde.

›Sie haben mein Jubiläum um zwei Wochen verschoben. Aber es wird gefeiert!‹ sagte Eisenstein. ›Es geht ans Sterben! Man sieht es am Kardiogramm. Ich habe meine Arbeiten schon alle geordnet. Ich kann sie ins Archiv geben. Einen Moment!‹ sagte er und lachte, dann erhob er sich aus dem Sessel.

Er öffnete die Schranktür im Korridor. Ich erblickte Berge von Manuskripten.

›Hier das Problem der Farbe, hier die Geschichte der Großaufnahme, meine Memoiren, die Theorie der Regie, Gogol, Puschkin …

Und hier das Dringendste – *Iwan der Schreckliche.* Die Arbeit am *Schrecklichen* drängt sehr, aber es ist nicht mehr viel zu tun, nur einige Massenszenen müssen zu Ende gedreht und geschnitten werden. Aber ich darf ja nicht. Die Sonne brennt – nein, das ist nichts für mich …

… Womit beginnen? Mit dem Film? Mit der Farbe? Mit der Regie? Mit Gogol? Mit Puschkin? Hier, sehen Sie – Puschkin. (Er zeigte mir Bücher und eigene Aufzeichnungen.) Worin besteht im wesentlichen das Sujet aller Puschkinschen Werke? Vereinfachen wir das Schema des Sujets: Ein alter Mann, der den Weg zum Glück versperrt. Ein junges Liebespaar und ein alter Mann, der sie beim Lieben stört. Erinnern Sie sich an *Eugen Onegin*, an die *Zigeuner*, an *Boris Godunow*, die H*auptmannstochter*? In *Pique Dame* hält die Alte ein Geheimnis in ihren Händen. Im *Geizigen Ritter* kommt keine Liebe vor, aber es gibt einen Greis, der seinen Reichtum versteckt und niemandem etwas abgibt. Warum hat noch niemand darüber geschrieben? Das Interessanteste daran ist, dass die scheinbare Vielfalt der verschiedenen Sujets nicht verhindert hat, dass Puschkin in allen späteren Epochen rezipiert worden ist, in allen Ländern. Genialer Reichtum an Gedanken, Schicksalen und Charakteren, und doch nur ein einziges Sujet: Der Alte, der beim Lieben stört, die unverwirklichte Liebe eines jungen Mannes, der nicht realisierbare Traum von der Liebe. Woher kommt das? Wie Sie wissen, hatte sich Puschkin bereits im Lyzeum in die Frau von Karamsin verliebt. Er schrieb ihr einen Liebesbrief, in dem er sie um ein Rendezvous bat. Frau Karamsina zeigte diesen Brief ihrem Mann, und sie gingen beide zum Rendezvous mit Puschkin. Von diesem Trauma hat sich Puschkin zeit seines Lebens nicht erholt.

Die Gontscharowa … Puschkins Frau. Ihr zuliebe hat er vieles verziehen … Erinnern Sie sich an die Tragödie, die durch viele Zeugen bestätigt wurde? Natalja Gontscharowa liebte Puschkin nicht. Die

Qualen Puschkins ... Er ertrug alles. Warum? Natalja Gontscharowa erinnerte ihn an seine erste Liebe – an Frau Karamsina. Fällt Ihnen auf, dass sowohl im ersten wie auch im zweiten Fall ein alter Mann das Hindernis für die Liebe war? Sicher geschieht das alles unbewusst, aber dieses große Trauma im Leben Puschkins musste sich einfach in seinem Werk als endlos variiertes Motiv niederschlagen. Dieses Motiv konnte er in mythologische Formen kleiden, in einen Roman, ein historisches Drama. Aber es verschwand nicht, es existiert in allen ernsten Werken Puschkins. Man könnte sagen: Sigmund Freud. Nein, nicht Freud. Sie haben recht, Freud ist eine fremde und ferne Provinz. Erinnern wir uns seiner Arbeit über Leonardo da Vinci, aber auch hier stand die Erotik für ihn schon im Vordergrund, er trennte das Leben des Malers von der Realität. Die ausschließliche Konzentration auf die Erotik hat Freud zugrunde gerichtet. Und seine Schüler? Armseligkeit, sittlicher Verfall! Nein, Freud ist hier fehl am Platze. Puschkins Liebe ist eine Lebenstragödie, die seinem gesamten Werk den Stempel aufgeprägt hat. So ist das Sujet entstanden, das wir in allen seinen Arbeiten wiederfinden. Glauben Sie mir, Sie werden sehen, dass alles darauf hinausläuft ...

Ob es sich lohnt, über dieses Thema zu schreiben? Ist doch interessant, nicht wahr? Also sitze ich und arbeite, besorge mir Bücher, vergleiche, konzipiere. Was soll ich zuerst machen? Sagen Sie es mir! Im Frühjahr werde ich sterben ...

... Oder die Farbe. Jetzt liegt meiner Ansicht nach alles klar auf der Hand. Das Prinzip ist das gleiche wie in unserem Kurzexposé, in meinem und dem von Alexandrow und Pudowkin über den Tonfilm. Grob gesagt, das Knarren eines Stiefels im Film ist noch keine Kunst. Ein künstlerisches Bild beginnt dort, wo das Knarren des Stiefels in eine andere Szene übergeht und Assoziationen hervorruft. Genauso ist es mit der Farbe: Die Farbe beginnt dort, wo sie nicht mit der natürlichen Färbung übereinstimmt. Ich glaube, ich habe das

Lösungsprinzip des schwierigsten Problems beim Farbfilm gefunden – das Grün. Ist das Gras grün? Ja, es ist grün. Aber das ist eine chemisch reine Farbe. In der Realität kann man die Farbe des Grases nicht von der Farbe des Himmels abstrahieren. Ohne verschiedene Farben, ohne die Umgebung kann man keine richtige Vorstellung von der Farbe des gegebenen Gegenstandes vermitteln. Das Grün des Grases existiert nicht ohne das Blau des Himmels. Die Natur mischt die Farben. Man muss zur Farbe des Grases den Widerschein der Bläue des Himmels hinzufügen, dann erhalten wir die richtige Färbung, die nicht mit der natürlichen übereinstimmt, aber die einzig wahre ist. Ich werde das praktisch beweisen. Nein, ich werde es nicht mehr beweisen. Da kann man nichts machen. Ich werde sterben.‹

Sie haben sicher bemerkt, dass die Überlegungen Eisensteins, deren Zeuge ich geworden bin, nicht das Ergebnis von wissenschaftlichen Forschungen sind. Sie sind eher Improvisation, Arbeitshypothesen, eine Erzählung über Ausgedachtes. Mir scheint, hier sind nicht die Urteile und Formulierungen wichtig, die einem manchmal sogar zweifelhaft und paradox erscheinen können und von Eisenstein selbst noch zu überprüfen waren – nein, wichtig ist hier die seelische Verfassung Eisensteins.

Wie immer war seine Intonation mal ernsthaft, mal scherzhaft-ironisch, aber hinter allem stand die nahende bedrohliche Lösung der Tragödie.

Ich war sehr beeindruckt, als ich wieder unten in meiner Wohnung war. Eisensteins Humor bei seiner Erzählung, die fast schon eine Beichte war, hatte mich kaum beruhigt. Zu ernsthaft, zu tragisch hatte alles Übrige geklungen – seine beharrliche Aufforderung, gleich zu ihm zu kommen … Und wie überzeugt er über seinen bevorstehenden Abschied vom Leben sprach. Zumal der Tod tatsächlich einen Tag und wenige Stunden nach unserem Gespräch eintrat.

Als ich in meine Wohnung zurückgekehrt war, klingelte das Telefon erneut – Sergej Michailowitsch bat meine Frau, Lina Woitolowskaja, zu ihm hochzukommen. Er wollte, dass sie einen Blick auf seine Bibliothek warf. Er zeigte ihr, wo welche Manuskripte lagen. Ihr hat er ein Geheimnis anvertraut. Hinter einer kleinen Tür in der Wand, die dieselbe Farbe wie die Tapete hatte, bewahrte er nicht mehr und nicht weniger als die Hefte mit dem literarischen Erbe Meyerholds auf. – Ein unbezahlbarer Schatz, den Eisenstein nach dem Tod des verhafteten Meyerhold gerettet hatte.

Das Erbe sowohl von Meyerhold als auch von Eisenstein befindet sich jetzt im Zentralen Staatsarchiv für Kunst und Literatur. Am Ende muss ich noch erwähnen, dass unser Haus irrsinnigerweise beim Bau einer Straße in den Südwesten von Moskau, zu einem Neubauviertel, gesprengt wurde.«

Vor kurzem erhielt ich ein Geschenk von meinem alten Professor – ein Büchlein mit Erinnerungen: »Elf Begegnungen«. Dort ist das letzte große Gespräch meines Lehrers mit Eisenstein vollständig abgedruckt. Ich aber halte meine Vorlesungsmitschriften aus der Zeit an der Filmhochschule in Ehren, sie sind für mich ein Andenken an meine Jugend und an die Bekanntschaft mit einem wunderbaren Menschen und Lehrer.

Der Donnergott heißt auf Kamtschatka »Biljukai«

Die Halbinsel Kamtschatka im Fernen Osten wird auch das Land der Vulkane genannt. Auf Kamtschatka existieren heute 28-tätige und 3 000 erloschene Vulkane. Außerdem gibt es hier das einzigartige Tal der Geysire. Fontänen heißen Mineralwassers schießen mal hier, mal da ganz plötzlich aus der Erde.

Zwei berühmte Frauen waren für mich immer besonders interessant. Seit meiner Jugend habe ich davon geträumt, sie einmal kennenzulernen. Das waren Valentina Tereschkowa, die erste Kosmonautin der Welt, und Sofia Naboko, die erste und bislang einzige Vulkanologin der Welt, die den Vulkan Kljutschewski auf Kamtschatka bezwungen hat, den höchsten Vulkan Europas und Asiens. Die Naboko war für mich eine Legende. Das Schicksal hat mir ein Zusammentreffen mit dieser ungewöhnlichen Frau beschert.

1975 fuhr ich zu ihr nach Kamtschatka.

Von dieser Begegnung sind Aufzeichnungen in meinem Notizbuch übriggeblieben. Und Fotos.

1975 war sie 65 Jahre alt. Doktor der geologisch-mineralogischen Wissenschaften, Professor, verdientes Mitglied der Akademie der Naturwissenschaften. Nach Beendigung des Leningrader Polytechnischen Instituts im Jahr 1936 fuhr sie nach Kamtschatka und blieb für immer dort.

Mein Flug von Moskau nach Kamtschatka dauerte zehn Stunden, damals allerdings, 1936, brauchte man zwei Monate! Erst mit dem

Zug, dann mit dem Schiff, und schließlich zu Fuß. Folgendes hat Sofia Naboko mir erzählt:

»Ich erinnere mich an mein erstes Jahr am Fuß des feuerspuckenden Vulkans. Die erhitzte Magma hob urplötzlich die Erdschicht an der Basis des Kljutschewski und bildete einen neuen, einen kleinen Vulkan. Ringsum dröhnte es, Lava brodelte, Blitze schlugen ein, ein Schneegestöber begann, und ein Orkan brach los – alles auf einmal. Ich näherte mich diesem neuen Vulkan erst mit einem Hundeschlitten, dann auf Skiern. In 500 Metern Entfernung stellte ich ein Zelt auf. Die Erde bebte. Steine schlugen auf das Zelt, um mich herum war ein schreckliches Getöse. Aber verstehen Sie, ich war eine fanatische Forscherin! Vor nichts hatte ich Angst. Nur davor, dass ich die Geburt eines neuen Vulkans verpassen könnte. Vor meinen Augen wuchs er zu einer Höhe von 200 Metern an! Ich nannte diesen Berg ›Biljukai‹, was auf Kamtschtka ›Donnergott‹ bedeutet.

Viele Vulkanologen geben ihre Arbeit wieder auf, denn wenn du Angst vor dem Vulkan hast, dann gehst du drauf. Die Arbeit ist sehr riskant. Die Angst lähmt bei vielen Menschen die Gedanken, die Seele und das Reaktionsvermögen. Wenn du nur ein einziges Mal Angst verspürst, ist alles zu Ende, dann darfst du nicht mehr als Vulkanologe arbeiten. Viele Male bin ich wie durch ein Wunder dem Tod entkommen. Aber ich hatte keine Zeit, mir Sorgen um mich zu machen. Ich musste arbeiten! Einer meiner unvergesslichsten Eindrücke ist der Aufstieg auf den Kljutschewski. 5 000 Meter und ewiges Eis, ein rauchender Krater. Plötzlich rutscht einer meiner Kameraden (wir waren drei) ab und stürzt in die Tiefe. Er fiel ungefähr 3 000 Meter hinab und blieb dann hängen. Die ganze Nacht kletterten wir zu ihm hinunter, um ihn zu befreien. Er hing an seinem Eispickel direkt über einem Spalt. Ein schrecklicher Anblick. Aber wir kamen noch rechtzeitig, um sein Leben zu retten. Doch er arbeitete dann nicht mehr als Vulkanologe.

Ich erinnere mich noch, wie ich auf einem großen Stein auf der Lava trieb. Das war die einzige Methode, an Proben von heißem Gestein heranzukommen. Wenn ein Vulkan ausbricht, stößt er ständig Gestein aus, und du musst beobachten, wohin diese Steine fallen, um dann eine Gasprobe nehmen zu können. Nur anhand dieser Gesteins- und Gasproben kann man bestimmen, wie in Urzeiten die Minerale entstanden sind …«

Ich schließe mein Notizbuch und betrachte die Fotos, die ich damals auf Kamtschatka gemacht habe.

1993 wurde ihr Sohn Igor Menjailow, ebenfalls Vulkanologe, zu einem internationalen Symposium der Vulkanologen nach Kolumbien eingeladen. Er beschäftigte sich mit der Methodik der Früherkennung eines Vulkanausbruchs anhand der Beschaffenheit des Gases. Sechs Wissenschaftler, darunter auch Igor Menjailow, ließen sich in den Krater des Vulkans Galera hinab, um eine Gasprobe zu nehmen, als plötzlich etwas explodierte oder der Vulkan ausbrach. Die genaueren

Umstände dieses Unglücks sind bis heute noch nicht ganz geklärt. Alle sechs Wissenschaftler verbrannten zu Asche.

Es heißt, die Vulkane rächen sich dafür, dass der Mensch wagt, ihr Geheimnis zu lüften.

Einmal habe ich in einer kleinen deutschen Mineralienhandlung Sofia Naboko wiedergetroffen: Zwei Steine – wunderschön geflammt und mit einer wundervollen Äderung, ein »Nabokoit« und ein »Sofiit« – lagen in einer Vitrine unter Glas und erinnerten mich an die Begegnung mit der großen russischen Frau, nach der sie benannt waren.

Die Großmutter

Viel Zeit ist vergangen, doch ich höre noch immer ihre klagende, bittende, leise Stimme, so wie ich sie damals im Traum gehört hatte: »Komm zu mir, ko-o-o-o-mm.« Als ich aufwachte, konnte ich lange nicht einschlafen. Was war das? Meine Großmutter Anna rief mich: Warum? Ich habe die Großmutter selten besucht, doch ich wusste, dass sie mich sehr liebte und immer auf mich wartete. Einer meiner Großväter stammte aus einer alten Familie der Intelligenzia, aus der Gegend von Kaunas in Litauen und siedelte später in die Ukraine über. Der andere Großvater stammte aus der Gegend von Kursk in Russland, ganz und gar ein Kavalier, ein hoher Würdenträger der Zarenzeit, der am Russisch-Japanischen Krieg, dem Ersten Weltkrieg und dem Russischen Bürgerkrieg teilnahm. Aus letzterem kehrte er mit einer Waffe zurück,

in die der Name des Kommandeurs der Ersten Reiterarmee, Budjonnyj, eingraviert war. Er baute ein Haus, führte die Wirtschaft, hatte eine fünfzehnköpfige Familie. Doch in den dreißiger Jahren nahmen sie ihm alles und hätten ihn beinahe nach Sibirien geschickt, weil er Widerstand geleistet hatte und die Pferde und Kühe nicht an die Kolchose abgab … Und nun dieser Traum: »Ko-o-o-o-mm!«

Die ganze Nacht über fühlte ich mich irgendwie schuldig und schlief erst gegen Morgen ein. Und ich träumte, dass ich ein Vogel bin und zu meiner Großmutter fliege. Doch auf dem Weg stehen zwei Felsen, und zwischen ihnen ist ein so schmaler Spalt, dass ich mich nirgendwo hindurchzwängen kann. Und da ahne ich: Ich muss die ganze Luft aus den Lungen ausatmen, dann werde ich schmaler. So zwänge ich mich durch die Felsen und fliege weiter …

Und am Morgen kam aus Kiew das Telegramm, dass die Großmutter Anna gestorben war.

Erst jetzt verstehe ich, dass man nicht allein sterben sollte. Jemand muss neben dir stehen und deine Hand halten, mit dir sprechen, dich verwöhnen, aufheitern, trösten … Wir sind einfach verpflichtet, einander auf dem letzten Weg zu begleiten. Überall auf der Welt verabschieden sich die Menschen vom Leben in Einsamkeit. Und es quälen sie jene Zweifel und Erlebnisse, die mit dem Fortgang für immer verbunden sind. Und es ist gut, wenn verwandte Seelen dabei sind, mit denen man offen über den Schmerz und den herannahenden Tod sprechen kann. Damals konnte ich das noch nicht verstehen …

Dieses Foto meiner Großmutter liebe ich mehr als alle anderen. Da ist sie, ein intelligentes junges Fräulein. Sie ist 20 Jahre alt. 1915. Vor ihr liegen die Ehe, der Tod der Kinder, der erste Krieg, der zweite Krieg, Hunger, Leiden … Ich habe mich entschlossen, das Gedicht, das dem alten Haus meiner Großmutter gewidmet ist, hier anzuführen (deutsch von Eva Rönnau):

Haus im Abriss. Geht nichts daneben?
Scheint's doch, dass was in mir zerbräche.
Höre fernes Weinen anheben,
Als wenn stummer Schrei zu mir spräche.

Will man's mir an die Wand wohl schreiben?
Ex und hopp! Und gebeugten Hauptes
Werd ich ewig gekoppelt bleiben
An die Nabelschnur dieses Hauses.

Wie verödet! Wie maßlos einsam
In des Maien lichtgrünen Wochen.
Haus im Abriss. Mit ihm gemeinsam
Ist auch etwas in mir zerbrochen.

Der Tempel – die Wohnstätte der Götter

Der wunderbare Sommer des Jahres 1971. Im Kobjaisker Bezirk in Jakutien herrschte eine solch schreckliche Hitze, dass die Rentiere im Wald verreckten und die Fische im Wasser erstickten. Die Jakuten glaubten, das Ende der Welt sei gekommen. »Ich gehe mit dir zum Tempel«, sagte eine alte Jakutin, meine Nachbarin. Ich traute meinen Ohren nicht. Zum Tempel war noch kein einziger Russe eingeladen worden. Warum? Die Jakuten erklärten es damit, dass es zwar sehr viele Erforscher des Nordens gebe, aber praktisch keinen Russen, der den Jakuten irgendwie nahestand. Sie hatten noch keinem Fremden das Geheimnis ihres Tempels, der Wohnstätte der Götter, anvertraut. »Aber du musst vorher einige schwierige Rituale über dich ergehen lassen«, sagte mir die alte Anna. Und fügte hinzu: »Schwöre, dass du nie jemandem was davon erzählst. Und dass du diesen Platz niemandem zeigst.«

Ich schwor.

Ich mochte Anna sehr.

Durch sie konnte ich an einer echten Kulthandlung der Schamanen teilnehmen: Der Schamane durchbohrte mit einem besonderen Zaubertrick seinen Körper und brachte sich tiefe Schnittwunden bei. Er trug eine Kleidung, deren Symbolik aus Knochen und Innereien getöteter Tiere bestand, die auf der Außenseite der Kleidungsstücke angebracht waren. Gibt diese originelle Art, das Innere nach außen zu wenden, nicht den besonderen Gefühlszustand der Bewohner des Hohen Nordens wieder?

Am folgenden Tag machten wir uns auf den Weg. Unsere Wanderung zum Tempel dauerte mehrere Tage, und während dieser Zeit lief mein gesamtes Leben in Jakutien vor mir ab.

Als ich zum ersten Mal die kleinen Völkerschaften des Nordens sah, Eskimos, Tschuktschen, Nenzen, Chanten, da dachte ich: »Mein Gott! Wie sehen sie sich doch alle ähnlich, wenn man sie mit den Augen eines Europäers betrachtet. Dabei sind sie bestimmt ganz unterschiedlich.«

Ich musste erst viele Jahre bei ihnen leben, bis ich diese Unterschiede sah. Äußerlich kann man sie tatsächlich kaum auseinanderhalten, denn in anthropologischer Hinsicht gehören sie alle zum Typ der Mongoliden. Dazu sind sie alle Rentierzüchter und haben ähnliche Rituale und eine ähnliche Kultur. Aber es gibt wesentliche Unterschiede zwischen den Völkern der Arktis und den Bewohnern der Taiga. Erstere sind Nomaden, sie können in der nackten Tundra überleben und passen sich ungewöhnlich schnell an Wetteränderungen an. Sie schonen die Natur nicht, denn sie ist ebenfalls gnadenlos zu ihnen. Die Völker der Taiga sind anders. Sie sind mit ihrer Umwelt buchstäblich verwachsen, mit jedem Pfad und jedem Baum. Ihre Welt ist im Gleichgewicht.

Die besten Schneekenner, die alles über die Geheimnisse des Schnees wissen, sind die Eskimos. Bei uns gibt es für Schnee nur ein einziges Wort, aber sie haben viele Dutzend dafür.

Die Ngonasanen haben das beste Gespür für Wind. Anhand des leisesten Hauchs können sie einen Klimawechsel vorhersagen und stellen sich sofort darauf ein. Das ist die einzige Möglichkeit, in der Tundra zu überleben.

Die genialsten Rentierzüchter sind die Nenzen, Tschuktschen und Ewenken. Aber auch bei ihnen gibt es Unterschiede. Die Ewenken bewegen sich sehr geschmeidig. Auch ihre Kultur ist ungewöhnlich leicht. Sie sind scharfsinnig und fröhlich. Das Fellzelt der Nenzen, ihr

Haus, ist nicht zu übertreffen. Alles darin ist zweckmäßig eingerichtet und sehr bequem. Auch ihr Verhältnis zu den Rentieren ist beispiellos. Ihre Tiere sind zahm wie Hunde. Die Nenzen sind das freiheitsliebendste, stolzeste Volk der Tundra.

Erst in Jakutien habe ich die wahre Geschichte dieses Volkes erfahren. Alles, was die sowjetischen Lehrbücher schrieben, war eine Lüge. Erst hier erfuhr ich, dass die Nenzen sich mehrere Male gegen die Sowjetmacht erhoben hatten. Die Geschichte dieses Volkes kann man kurz und knapp so skizzieren:

In der Epoche Jermaks, als die Eroberung Sibiriens über den Ural bis zum Stillen Ozean voranschritt, blieben die Nenzen verschont. Die Geschichtsschreibung kennt nur einen einzigen Zusammenstoß zwischen den Nenzen und dem Fürsten Schachowski. Dieses Ereignis wird in den Annalen sehr seltsam beschrieben. Im Jahre 1600 wurde die Truppe des Fürsten Miron Schachowski von den Samojeden (das ist die alte Bezeichnung für die Nenzen) vernichtend geschlagen. Und später, als die Epoche der Eroberungen vorbei war und die Christianisierung begann, war der einzige Volksstamm, mit dem die russischen Missionare nicht fertig wurden, ebenfalls der der Samojeden. Noch im 18. Jahrhundert waren sie Heiden! Als die dritte Eroberung Sibiriens begann, die sogenannte Epoche Speranskis, versuchten die russischen Beamten, aus der einheimischen Bevölkerung Führer zu bestimmen, doch die Nenzen widersetzten sich lange Zeit und nahmen diese »Ehre« nicht an. Als die sowjetische Epoche begann, fing alles von vorne an. Es wiederholten sich die Etappen der militärischen Eroberung, die fanatisch-kommunistischen Attacken. Es wurden Siedlungen mit Siedlungsräten gegründet. Die Nenzen widersetzten sich mit aller Kraft und hätten wohl noch lange standgehalten, aber in den dreißiger Jahren begann das Schrecklichste – der ökonomische Angriff. Die Rentiere wurden ihnen weggenommen. Da zogen die Nenzen gemeinsam mit ihren Rentierherden in den

Norden der Halbinsel Jamal. Im Jahre 1934 brach ein antisowjetischer Aufstand aller Nenzen von Jamal aus. Sie töteten alle – die fremden russischen Beamten und auch die eigenen Leute, die zu den Russen übergelaufen waren, sie versperrten alle Wege, bewiesen verzweifelten Mut und waren sehr grausam. Und schließlich wurden sie in Ruhe gelassen! Aber nur bis zum Jahr 1943, als die Truppen des NKWD, des sowjetischen Staatssicherheitsdienstes, bis zum nördlichsten Punkt von Jamal gelangten. Das waren Landungstruppen mit Maschinenpistolen, die einen angeblichen Kulakenaufstand der Schamanen niederschlagen sollten. Es begann die Zeit der Pogrome. Die Schamanenglöckchen verstummten, und die Mehrzahl der Schamanen wurde erschossen.

Wenn man mich fragt, bei welchem Volk ich mich am wohlsten gefühlt habe, dann sage ich: bei den Nenzen. Sie sind sehr keusch, und ihr Naturrausch ist ansteckend. Immer, wenn ich sie beobachtet habe, ihre Bräuche, die Schönheit der nordischen Natur, habe ich darunter gelitten, dass ich das alles meinen europäischen Freunden nicht würde zeigen können. Da nahm ich meinen Fotoapparat zur Hand. Und jetzt erinnern mich die Bilder an Jakutien.

Das abgebildete Foto hat einen besonderen Wert für mich. Auf ihm ist die Ewenkin Ljubow Djatschkowskaja zu sehen. Mit ihr ist eine Liebesgeschichte verbunden, die mit dem Tod eines der Beteiligten endete.

Der russische Jäger Pjotr Umrichin lebte zwanzig Jahre im Hohen Norden. Er verliebte sich in ein schönes Ewenkenmädchen und heiratete es. Sie bekamen Kinder, und alles schien gut zu sein. Aber jeder, der mehrere Jahre im Hohen Norden verbracht hat, weiß, dass die Konflikte zwischen den Nationen, die lange vor unserer Zeit entfacht wurden, erst gelöst werden können, wenn man das eigene Leben dafür opfert. Nur wenige Menschen in Europa wissen um den »nordischen Nationalismus«. Das Anwachsen des nationalen Selbstbewusstseins nimmt bisweilen hässliche Formen an. Die Ewenken begannen, dieses besondere Paar zu verfolgen und aus der Siedlung zu vertreiben. Eines Tages stritt sich Pjotr mit Ljubows Bruder und erschlug ihn. Jetzt sitzt er im Gefängnis. Ich hätte nie vom Ende dieser, wie mir schien, glücklichen Ehe erfahren, wenn mir meine Freunde, Dokumentarfilmer wie ich, nicht eine Videokassette ihres Films geschickt hätten, den sie 1998 gedreht und »Ljubow« genannt haben. Der Film basiert auf den Briefen, die sie ihrem Pjotr ins Gefängnis und Pjotr aus dem Gefängnis an Ljubow schickte. Diese Briefe sind, ungeachtet aller Leiden, voller Liebe. So überraschend endete meine Bekanntschaft mit Ljubow Djatschkowskaja und ihrem Bruder Nikolai. Ich denke oft an diese Geschichte.

Ich kannte Ljubows Bruder. Nikolai war ebenfalls Jäger. Meine Erfahrungen im Umgang mit den Jägern lässt mich zu dem Schluss kommen, dass sie eine besondere psychische Veranlagung haben, die sie von anderen Menschen unterscheidet: Sie tragen den Stempel des Verzichts im Gesicht. Meist haben sie einen gutmütigen Blick, scheinen aber doch in sich versunken. Sie sind Neurotiker. Diese Neurotisierung ist eine unumgängliche Voraussetzung und Form der Existenz eines Jägers. Er ist immer auf der Hut, weil er einem Pfad folgt, einer Spur, sich immer in feindlicher Umgebung befindet. Innerlich ist er pausenlos angespannt, obwohl er äußerlich gelöst wirkt. Es scheint, als ob er kurz vor dem Sprung ist. Der wichtigste Charakterzug eines Jägers ist seine extreme Selbstbeherrschung. Aber diese Selbstbeherrschung hat ihre negative Seite, nämlich die Neurose. Bei den Ewenken kann ein Jäger mit gnadenloser Hand ein lebendiges Wesen totschlagen und gleich darauf in Tränen ausbrechen. Er ist wie ein großes Kind und hat ein sehr empfindsames, offenes Wesen, das die Natur über einen besonderen Zustand der Psyche und durch Ekstase fühlt und hört. Das ist wie eine Vereinigung des Menschen mit den Strömen der Natur und des Kosmos. Und das alles ist nichts Besonderes, sondern ein selbstverständlicher Teil ihres Lebens. Der Alkohol hilft ihnen, diese Extremzustände auszuhalten und das Gleichgewicht der Psyche durch ein »Herausschwappen« der »schlechten« Energie, die sich wegen der extremen Selbstbeherrschung und Anspannung im Organismus des Jägers angesammelt hat, wiederherzustellen. In der Sprache der Ewenken gibt es das Wort »ilten«, was »sich beruhigen«, »eine Kränkung annehmen und vergessen«, »an etwas vorbeigehen« bedeutet. So handeln die »Bugdi« (in der Sprache der Ewenken sind »Bugdi« Menschen mit »guten« Sitten, das heißt: kühn, stark, grausam und mutig).

Die Volksethik der Ewenken lehnt eine offene Demonstration der Gefühle, egal ob Freude oder Niedergeschlagenheit, ab, weil die Ewenken glauben, dass das gefährlich für andere sei, denn im Volksglauben der Ewenken nehmen die Dinge folgenden Verlauf: Wirst du wütend, so erschlägst du jemanden. Erschrickst du, so stirbst du.

Deshalb konnte sich Pjotr Umrichin nicht vollständig an das Leben der Ewenken anpassen.

Bei ihnen ist alles anders. Die Ewenken glauben, dass man die Geister, die Herren der Natur, nicht nur durch Handlungen beleidigt, sondern auch durch Seelenstimmungen. Für besonders gefährlich halten sie übertriebenes Selbstbewusstsein. Wenn mein Freund bei der Jagd kein Glück hat, dann bin ich daran schuld, weil ich durch meine Seelenverfassung den Geist des Waldes beleidigt habe. Enthaltsamkeit, innere Harmonie, Ruhe, Ausgeglichenheit – das ist für die Ewenken die höchste Ordnung. In allen Dingen Erfolg zu haben, halten sie für ein schlechtes Zeichen und ein Vorzeichen von Unglück. Großer Erfolg und Reichtum bergen nach Meinung der Ewenken immer eine potentielle Gefahr. Maßvoll zu leben – das ist die Devise ihres Daseins.

Um ehrlich zu sein, manchmal war ich vom Umgang mit ihnen müde, obwohl ich sie grenzenlos liebte. Meiner Natur nach bin ich ein dynamischer Mensch, der ein Nomadenleben führt. Ich brauche Natur und Zivilisation gleichermaßen. Wenn ich der Jakuten, Nenzen und Ewenken überdrüssig war, fiel mir der Umgang mit meinen europäischen Brüdern leichter. Wenn ich meine Landsleute satt hatte, traten mir Freudentränen in die Augen, wenn ich die Erde der Tundra betrat.

Aber ständig dort zu leben, ist sehr schwer. Es kommt unausweichlich zum Bruch, wie es mit Ljubows Mann, dem Russen Pjotr Umrichin, geschehen ist – seinem Wesen und seinem Denken nach war er ein typischer Europäer. Deshalb hat er den Ewenken Nikolai erschlagen.

Er wusste einfach nicht, wie er sich in einer extremen Situation verhalten sollte. Und aus Hilflosigkeit und angestautem Zorn hat er einen Menschen umgebracht, einen Jäger.

Heute, nach dem Zerfall der Sowjetunion, werden im Hohen Norden Mischehen immer seltener geschlossen. Deshalb verwunderte mich eine kleine Notiz in der Zeitung: »Eine Französin der Tundra«! Ich verneige mich vor dem Mut und der Ausdauer dieser jungen, schönen Frau, einer Absolventin der Sorbonne, die schon zwei Jahre mit ihrem Mann, einem ewenkischen Rentierzüchter, einem Jäger, in der Tundra ein Nomadenleben führt. Über diese Liebesgeschichte haben alle russischen Zeitungen geschrieben. Sie ist tatsächlich beeindruckend! »Die Französin schreibt ihre Doktorarbeit über uns und fährt dann wieder weg«, sagten die Ewenken am Anfang. Aber jetzt haben sie sie als eine der Ihren anerkannt, obwohl sie tatsächlich von Beruf Ethnographin ist.

… Als wir an der heiligen Stätte, dem Wohnort der Götter, ankamen, brachte das wunderbare Schauspiel meinen Atem zum Stocken! Wir erfüllten alle vorgeschriebenen Rituale und gingen dann bald wieder. Anna bat die Götter, der Tundra Regen zu schenken und diese schreckliche Hitze abzuwenden, von der alles Lebendige stirbt. Und ein Wunder geschah! Als wir nämlich zu Hause ankamen, ließ die Hitze schon ein wenig nach, und es fielen die ersten Tropfen eines schweren, heißersehnten Regens.

Das Geheimnis des Schamanen

Immer hat es Menschen mit Abenteuerlust, ungewöhnlichen Ansichten und Vorliebe für das Risiko nach Sibirien, in den Hohen Norden, gezogen.

Die Möglichkeit der Selbstverwirklichung trieb die Russen an die nördlichste Grenze. Im europäischen Teil Russlands floss das Leben in gewohnten, erprobten Bahnen, hier aber, im Hohen Norden, gab es Freiheit und Unabhängigkeit der Sitten, Offenheit und Ehrlichkeit. Und Exotik natürlich. Das ist einer der Gründe, warum ich acht Jahre in Jakutien geblieben bin. Ich war Musiklehrerin, und wenn ich Schulferien hatte, bereiste ich den ganzen Hohen Norden. Je entfernter die Gegend, desto besser gefiel sie mir. Und es kam zu solchen Begegnungen wie der folgenden:

Meine Kollegin, Lehrerin im Schulinternat von Pewek, gab mir die Adresse eines Schamanen, der der Großvater eines ihrer Schüler, eines Tschuktschen, war. Ich fuhr mit dem Frühbus los. Der alte Schamane wohnte in einer kleinen Tschuktschensiedlung ganz in der Nähe der Stadt Pewek. Einst hatte er in einem Nomadenlager gelebt und Rentiere besessen, aber jetzt waren seine Kräfte geschwunden, und er war in die Siedlung gezogen. In der Hauptsache beschäftigte er sich mit dem Heilen von Krankheiten. Deshalb hatte meine Kollegin mir geraten, mich wegen eines Leidens an ihn zu wenden, was ich auch prompt tat, zumal meine Augen tatsächlich in der Tundra stark schmerzten. Besonders im Winter.

Ich huste laut, bevor ich in das Holzhaus am Rande der Siedlung trete. Das ist ein Ritual, und rührt daher, dass das Moos in der Tundra sehr weich ist und man nicht hört, wenn ein Mensch sich dem Haus oder der sogenannten *Jaranga*, dem Zelt aus Tierhaut, nähert. So wird der Hausherr nicht überrascht und kann sich auf den Besuch des Gastes vorbereiten. Deshalb hustet der Besucher und bleibt einen Augenblick vor der Tür stehen.

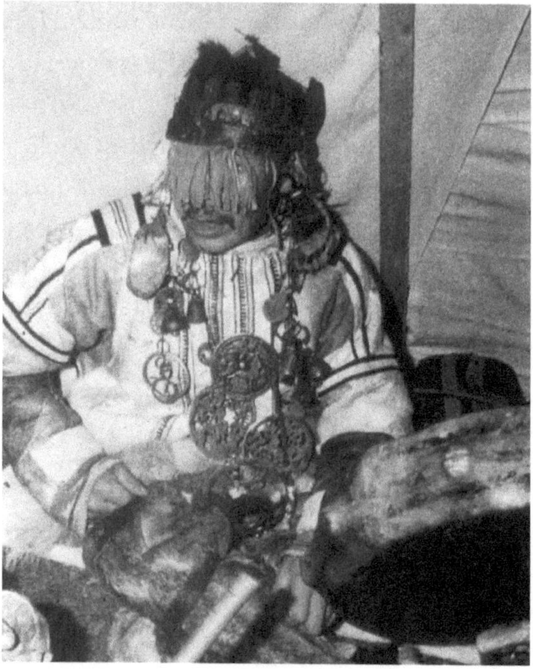

»Ettyk!« Mit diesem Wort empfängt mich der Schamane. Die traditionelle Begrüßung der Tschuktschen bedeutet: »Was führt dich zu mir?«

»Ik«, antworte ich in der Sprache der Tschuktschen. »Ich bin gekommen, um mir Rat zu holen. Meine Augen schmerzen, besonders wenn ich in den Schnee blicke.«

»Komm zu mir.«

Im hinteren Teil des Zimmers erkenne ich einen Mann von siebzig Jahren. Ich weiß, dass er Eniwtegin heißt. So hat ihn die Lehrerin genannt, die mir die Adresse gab.

»Setz dich. Wir wollen uns unterhalten.«

Er fragt mich, wer ich sei und woher ich käme. Ich erzähle von mir, dann obsiegt meine Neugier, und ich frage ihn, ob es stimme, was ich gerade im Bus gehört habe. Eine Frau hatte unglaubliche Dinge von Eisbären erzählt.

Er stellt mir eine Gegenfrage: Ob ich mir gemerkt hätte, in welche Richtung sich seine Haustür öffne, nach innen oder nach außen. Es stellt sich heraus, dass die Tür in einer Tschuktschenhütte immer nach innen aufgeht. Nicht nur, weil der Schnee das Haus zuwehen und man dann die Tür nicht mehr öffnen könnte, sondern auch, weil die Eisbären, die die Siedlung ständig besuchen, die Tür immer nach außen aufreißen wollen. Das kommt vom Greifreflex. Außerdem seien die Eisbären sehr neugierig und ließen keine Gelegenheit aus, eine menschliche Behausung von innen kennenzulernen. In der vergangenen Woche, so erzählt mir der Schamane, habe ein Bär sogar die Türklinke bei ihm abgerissen, als er versuchte, ins Haus einzudringen. Aber er käme nie auf die Idee, die nicht abgeschlossene Tür nach innen aufzustoßen. Und der Schamane erzählt weiter, dass die Eisbären tatsächlich in letzter Zeit sehr oft in die Siedlung kämen. Sie warteten auf die Frauen, die mit dem letzten Bus aus Pewek kommen. Von der Haltestelle bis zur Siedlung läuft man einen Kilometer durch die Tundra. Da warten sie eben geduldig auf die Frauen, die Lebensmittel in ihren Einkaufstaschen nach Hause schleppen. Sie schleichen sich unbemerkt an, verdecken sogar die schwarze Nase und die schwarzen Knopfaugen mit ihren Tatzen, damit man sie in der Tundra vor dem weißen Hintergrund nicht sieht. (Auf die gleiche Weise fangen sie übrigens Fische. Sie sitzen neben einem Loch, verdecken mit der Pfote die Schnauze und warten. Kaum kommt der Fisch an die Oberfläche, um Luft zu schnappen, schon ist er in den Pranken des Bären. Das habe ich selbst durch ein Fernrohr beobachtet.) Sie schleichen sich also an und reißen den überraschten Frauen die Taschen aus der Hand! Und dann nichts wie weg! Am meisten lieben sie süße Kondensmilch. Sie drücken kräftig mit ihrer Pfote auf die Konservendose, dass sie wie ein Luftballon zerplatzt und die süße Masse über die Tatzen läuft. Die lecken sie dann mit großem Genuß ab.

Mir scheint, als betrachte mich der Schamane während unseres Gesprächs heimlich, als studiere er mich. Dann sagt er überraschend: »Ich weiß ein Mittel für deine Augen. Du trinkst jetzt eine große Tasse heißen Lebertran. Der Tran vom Wal schmeckt besser als der vom Walross. Aber zu Hause kannst du sowohl den einen als auch den anderen trinken. Jeden Tag.«

Er schenkt mir eine Tasse ein und reicht sie mir. Der Tran schmeckt unangenehm, aber ich zwinge mich, einen Schluck nach dem anderen hinunterzuwürgen. Dabei erzählt mir der Schamane, dass es Europäern im Winter in der Tundra nicht gut geht: Schwindelgefühl, Blutdruckschwankungen, Atembeschwerden, Verdauungsstörungen und Augenschmerzen. Und wenn sie keinen Lebertran trinken, können sie in dieser Eiswüste hier umkommen. Was unternimmt ein Tschuktsche, wenn er krank wird? Er trinkt ebenfalls Lebertran. In der Tundra gibt es keine Vitamine. Die kärgliche Pflanzenwelt dient nur den Rentieren als Nahrung. Aber nur Rentierfleisch zu essen, sei nicht gut. Das hält der Mensch nicht aus. Da ist der rettende Lebertran eine große Hilfe. Walrosse und Wale – das sind die beiden Spender des Lebertrans, der angefangen von Kalorien bis hin zu den wichtigsten Vitaminen alles enthält.

Nur langsam bezwinge ich die große Tasse und frage dabei den Schamanen nach *Newtumgyt*, der bekannten Sitte der Tschuktschen, was etwa mit »Kamerad der Frau« übersetzt werden kann. Der Alte gibt mir zu verstehen, dass er über dieses Thema nicht sprechen möchte. Aber da wendet sich eine Frau an ihn, die bisher geschwiegen hat: »Mej (dieses Wort sagt man nur zum Ehegatten oder einem anderen sehr nahestehenden Menschen, »Mej« bedeutet »mein Lieber«), diese Russin wurde von der Lehrerin unseres Enkelsohns geschickt. Sie ist eine studierte Frau und fragt nicht aus purer Neugier.«

Ich lächle meiner unerwarteten Fürsprecherin dankbar zu.

Eniwtegin beginnt zu erzählen: »Newtumgyt ist ein uralter Brauch der Tschuktschen. In der Tundra kommt alles mögliche vor. Kinderlose Eheleute bedienen sich dieses Brauchs. Zu Anfang wird ein Rentier geschlachtet. Die kinderlose Ehefrau reibt die Wangen eines von ihr für das Newtumgyt ausgewählten anderen Mannes mit dem Blut ein und streut Asche aus der Feuerstelle auf seinen Kopf. Für ein halbes Jahr werden die Frauen ausgetauscht. Die Kinder sind bei den Tschuktschen ein wichtiger Bestandteil des Lebens. Sogar bei einer solch delikaten Angelegenheit wie dem freiwilligen Tod alter und kranker Menschen. Du darfst dir nicht selbst das Leben nehmen. Nur dein Sohn kann dir dabei helfen. Und diese Hilfe darf er nicht verweigern, das wagt er nicht, denn dann käme er nicht in die Obere Welt, wenn er selbst stirbt, die bösen Geister würden ihn fressen.«

Zum Abschied gibt mir der Schamane ein Amulett – ein kleines Stück vom Stoßzahn eines Walrosses mit einer kunstvollen Schnitzerei: kleine Seehunde, Jäger, ein tanzender Schamane. Er erklärt mir, die Knochenschnitzerei stelle eine Legende der Tschuktschen dar. Dann erklärt er mir noch das wichtigste Lebensprinzip: Mit seiner Unruhe, seiner Unzufriedenheit oder Verlogenheit zieht der Mensch Unglück und Krankheit auf sich. Die Natur lässt sich nicht betrügen. Der Schamane erläutert das an mehreren Beispielen.

Rachsucht führe zur Zerstörung der Zähne, außerdem breche sich der Mensch von Zeit zu Zeit einen Knochen. Geiz führe zu Herzkrankheiten, Ruhmsucht zu erhöhtem Blutdruck, Gereiztheit zu Erkrankungen der Leber. Angst wirkt sich negativ auf die Nieren aus. Ständige

Unzufriedenheit mit dem Leben und Vorwürfe gegenüber anderen Menschen verursachen Migräne.

»Mit welchem Bein stehen Sie morgens auf?« fragt er mich plötzlich. »Ich weiß nicht«, antworte ich ehrlich. Der Schamane erklärt, das Böse befinde sich links, das Gute rechts. Es sei kein Zufall, dass die Begriffe »Recht«, die »rechte Sache« und »rechts« in allen Sprachen eine gemeinsame Wurzel haben.

»Stehen Sie immer mit dem rechten Bein auf«, riet er mir. »Trinken Sie heißen Lebertran vom Wal oder vom Walross, und betrachten Sie so oft Sie können dieses Amulett, und erinnern Sie sich an meine Worte. So können Sie viele Krankheiten und Schicksalsschläge vermeiden. Wenn aber dennoch etwas passiert, dann hilft es Ihnen, für eine Prüfung Kraft zu finden, der sie sowieso nicht entfliehen können.«

Am Schluss möchte ich Ihnen die kurze Legende erzählen, die auf meinem Amulett eingeschnitzt ist und die mir der Schamane erklärt hat.

Einmal beschlossen die Seehundmenschen, mit den Jägern gemeinsam an einem Ufer zu leben. Sie verwandelten sich nachts in echte Frauen und Männer, am Tage aber wurden sie wieder zu Seehunden und schwammen im Wasser herum. Ein schrecklicher Appetit unterschied sie von den richtigen Menschen. Pausenlos mussten sie Rentierfleisch und Fisch essen. Aber das reichte ihnen nicht. Und sie fielen über die Hunde her, dann über die kleinen Kinder, dann über die größeren Kinder. Da wandten sich die Jäger an den Schamanen. Der überlegte und überlegte und fand schließlich eine Lösung: Die Jäger sollten das Meeresufer verlassen und mit ihren Fellzelten ins Landesinnere ziehen und dort ein neues Leben beginnen. Erst wenn ihr Geist wieder stark geworden sei, könnten sie zurückkehren und mit den Seehundmenschen kämpfen. Seitdem ist Krieg zwischen den Menschen und den Seehunden.«

Auf meinen Fotos sind der Schamane Eniwtegin und ein Eisbär zu sehen, der zu Besuch in die Siedlung kam.

Schunja

Es geschah zur Frühlingszeit in der jakutischen Taiga. Die wilden Elche gingen zur Tränke. Und plötzlich störte ein furchtbarer Todesschrei die Stille. Die Elche stoben in verschiedene Richtungen auseinander, und auf dem Weg blieb ein kleines wildes Elchkalb liegen. Sein Hals wurde so stark von der Falle gewürgt, dass es nur noch röcheln konnte. Über einen Tag und eine Nacht lag das völlig entkräftete Kälbchen auf der aufgetauten Frühlingserde, und der Morgennebel, der aus dem Tannenwald kroch, bedeckte fast das halbtote Tierchen.

So fand es dort der Waldhüter Prokopij Grigorjew, mein alter Freund, der später auch mir seinen Fund zeigte. Er nahm das Elchkalb zu sich nach Hause.

»Man sollte es nicht anrühren«, sagte der Chauffeur mit dem Spitznamen »Der Graue«, der zufällig in der Nähe war, »es wird ohnehin nicht überleben. Es wäre besser, wenn du es Meister Petz zum Mittagessen überlassen würdest ...« Doch der Waldhüter wich ihm aus. So schön war dieses wilde Elchkalb! Es hatte einen schwarzbraunen Rücken mit einem Stich ins Zimtfarbene auf dem Hals, helle schlanke Beine, kleine schwarze Hufe und ein weißes Sternchen als Fleck auf der Stirn. Der Waldhüter lebte mit seiner Frau und seinem kleinen Sohn zusammen. Und der Junge gab dem Elchkalb sogleich einen Namen – Schunja.

Wenn ich an meinen freien Tagen zur Familie des Waldhüters hinausfuhr, brachte ich Schunja immer ein Geschenk mit – Zuckerstückchen und eine Handvoll Salz. Sie liebte das Salz mehr, doch sie nahm auch den Zucker, um mich nicht zu beleidigen. Der Elch erwies sich als zärtliche und umgängliche Elchkuh. Die Lastwagenfahrer bogen immer von der Fahrbahn zum Häuschen des Waldhüters ab, um die Schöne zu bewundern. In der Taiga sind die Elche geschützte Tiere, man darf sie nicht jagen, doch die Menschen schießen sie immer wieder aus Grausamkeit und Gier: Sie verfolgen sie mit dem Gewehr oder stellen Fallen und Schlingen. Wie soll man in der Taiga herausfinden, wer so etwas tut? Der Waldhüter war der einzige Mensch in diesem Abschnitt der Taiga, der gegen die Wilderer vorging.

Alle liebten Schunja. Doch es gab auch solche wie den »Grauen«, die zum Waldhüter sagten: »Ein gutes Viech, ein gutes! Es hat viel Fleisch … Das Brüstchen ist besonders schmackhaft …«

»Dafür habe ich sie nicht gerettet«, sagte der Waldhüter beleidigt, »bald wird sie heranwachsen, und dann lasse ich sie in den Wald …«; doch beunruhigende Vorgefühle beschlichen von Zeit zu Zeit seine Seele: In der Taiga treibt sich mancherlei dunkles Volk herum …

Der Herbst brach an. Und der Sohn des Waldhüters erkrankte schwer. Die Wege wurden schlammig, und die Autos fuhren auch nicht zu jener Zeit: Sie warteten, bis der Winterweg auf dem vereisten Fluss befahrbar war. Man musste über die Lena an das andere Ufer des Flusses in die Siedlung gelangen, wo es einen Arzt gab. Doch das Eis war noch sehr dünn. Und dem Jungen ging es schlechter und schlechter. Also riskierte es der Waldhüter.

Anfangs wollte Schunja nicht angeschirrt werden, doch der Waldhüter redete ihr liebevoll zu, spannte sie trotz allem ein und zog die Riemen an. Auf den Polarschlitten legte er den in Decken gehüllten kranken Sohn. Der Waldhüter sah in die sanften blauen Augen der Elchkuh und streichelte sie über den mit Reif bedeckten Rücken: »Nun komm, Liebe …« Und Schunja wurde still, als würde sie ihn verstehen. Fünfzehn Werst lief sie mühelos am Fluss entlang. Nur eines beunruhigte den Waldhüter: Der Junge begann zu delirieren und versuchte dabei, etwas mit geschwollenen Lippen zu sagen. »Halte durch, Söhnchen, halte durch. Wir haben nur noch wenig vor uns …« Doch sie hatten noch das Gefährlichste vor sich – die Überquerung des Flusses.

»Aber Liebe«, schrie der Waldhüter und berührte zum ersten Mal Schunjas Hüfte leicht mit einer langen Peitsche, »vorwärts!«

Wie ein Vogel stürzte Schunja über die Lena, und der Waldhüter bemerkte nicht, dass sie die Hälfte des Flusses schon überquert hatten. Doch als er sich umsah, gefror alles in ihm: Hinter seinem Rücken schwoll das Gebrüll der rasenden Welle an, die hinter einem Inselchen von links hervorrollte. Das Getöse der berstenden Eisschollen hallte über den Fluss. Und die Wand der bleiernen Wasserflut näherte sich ungestüm dem Schlitten.

»Das wars. Das ist das Ende!« halb dachte, halb schrie der Waldhüter und sah den Sohn an, als wollte er von ihm Abschied nehmen. Er war schon bereit, den wütenden Todesstoß des Wassers anzunehmen. »Nein, wir werden nicht zum Ufer gelangen«, dachte er voller Trauer. Doch Schunja legte sich derartig ins Zeug, dass sie im letzten Moment den Schlitten ans Ufer zog. Entlang der Hinterkufen des Schlittens jagte schon das schwarze Wasser ihnen nach und überzog sie mit Gischt, doch die Elchkuh war schneller …

Im Krankenhaus trugen sie den Jungen sofort in den Operationssaal, er hatte eine schwere Blinddarmentzündung, und wenn die Hilfe nur einen Augenblick später gekommen wäre, hätte der Junge nicht überlebt.

Der Waldhüter umarmte Schunja vor den Augen der erstaunten Passanten und schluchzte. Die Tränen tropften auf die samtweichen Lippen der Elchkuh: »Verzeih, Liebe, doch einen anderen Ausweg gab es nicht.«

Der Winter ging vorbei. Die Frühlingstaiga war trunken vom Duft des ersten zarten Grüns. Und Schunja lief von nun an immer öfter in den Wald, der gleich hinter dem Holzhäuschen des Waldhüters begann, bald für einen Tag, bald für zwei Tage. Einmal kam sie mit tiefen Kratzwunden wieder. Der Waldhüter verstand alles: Schunja war einem Luchs begegnet. Zutraulich und häuslich wie sie war, zog es sie zum Spiel mit Hunden und Katzen. Und da hatte sich ihr weder ein Hund noch eine Katze genähert, sondern ein schönes, rotbuntes, dicht behaartes Wesen. Vor Schunja funkelten grimmige gelbe Flämmchen in den Augen des Tiers. Der Luchs versuchte auf ihren Rücken zu springen. Doch es gelang ihm nicht; er streifte mit seinen scharfen Klauen die Hüfte der Elchkuh – und nach einer Sekunde war Schunja auf und davon. Der Instinkt sagte: Rette dich!

Viele Male kehrte Schunja in das Häuschen des Waldhüters zurück, einmal kam sie aber nicht mehr wieder. Was war mit ihr geschehen? Ob ein Jäger sie getötet hatte – sie ging doch zutraulich zu allen Menschen – oder ob sie mit einer Herde wilder Elche fern in die Taiga gezogen war, wusste niemand. Nur ein Foto ist geblieben.

Die Diamanten Jakutiens

In die Stadt Mirnyj, die Hauptstadt der Diamantenregion Jakutiens (Autonome Republik Sacha), konnte ich nur im Winter gelangen. Von uns, das heißt von der Stadt Lensk, wo ich lebte, führte im Winter auf dem Flussbett der zugefrorenen Lena ein Weg – der sogenannte »Winterweg«. Auf diesem Weg fuhren den ganzen Winter über Hunderte von Lastwagen ihre Fracht aus der Hafenstadt Lensk in das Innere des Landes: nach Mirnyj, Ajchal, Udatschnoje. Hier im Nordosten Sibiriens, in der Zone des ewigen Frosts, entdeckten Geologen in der Mitte der vierziger Jahre ein riesiges Diamantenlager. Ich lebte in der Nähe des ersten Kimberlit-Bergwerks »Mir« in Jakutien und der in seiner Umgebung erbauten Stadt der Diamantengräber, in Mirnyj. Doch es war nicht einfach, in den siebziger Jahren nach Mirnyj zu gelangen.

Und da fahre ich 1973 in einem der Lastwagen auf dem Eis des Flusses Lena, dem Winterweg, nach Mirnyj. Dieser Weg ist sehr gefährlich: Wenn etwas mit dem Auto passieren würde, müsste der Fahrer erfrieren. Die Temperatur liegt im Winter stets um minus vierzig Grad, und oft noch darunter.

Wir hatten bis Mirnyj im ganzen noch hundert Kilometer zu fahren, als der Motor streikte. Im Winter wird es schnell dunkel, und bald senkte sich die Dämmerung. Auf der Fahrbahn war kein Auto zu sehen, und der Frost wurde mit jedem Augenblick stärker. Der Wagen vereiste gleichsam, und der Fahrer konnte nichts mehr tun. In diesem furchtbaren Augenblick wandte ich mich zum ersten Mal in meinem Leben an Gott: »Herr, wenn ein Wunder geschieht und Du mich am Leben lässt, werde ich den ganzen Rest meines Lebens denen helfen, die in Not geraten sind, und sie retten!« Wir hatten Angst einzuschlafen, weil das den sicheren Tod bedeutet hätte. Um nicht zu schlafen, redeten wir unentwegt und blieben nur mit Mühe wach …

Das Wunder geschah. Uns nahm ein zufälliger, einsamer, verspäteter Lastwagen mit, und wir gelangten schließlich völlig erstarrt nach Mirnyj.

Und am folgenden Morgen war ich schon auf der Anlage, auf der Diamanten gefördert wurden. Durch sie wurde gefrorenes Polargestein bergeweise geschleust. Und dann begab ich mich ins Kombinat, wo das Gestein über ein Fließband lief und wo nur ein Röntgenstrahl den besonderen Glanz des wertvollen kleinen Steins sichtbar zu machen half. Eine junge Jakutin im weißen Kittel, die das Fließband beobachtete, trennte sofort diesen Stein vom übrigen, unbrauchbaren Gestein. Auf meinem Foto hält sie einen Diamanten in der Hand, den sie vom Fließband »gefangen« hatte. Wie viele jakutische Diamanten hatte auch er von Natur aus regelmäßige geometrische Formen und besaß eine tadellose Reinheit. Die Brillanten, die aus solchen Steinen geschliffen wurden, galten als die besten der Welt. In alten Zeiten wurde der aus der Erde gewonnene Diamant einfach gewaschen und unverarbeitet in Königskronen eingesetzt. Und erst gegen Ende des 17. Jahrhunderts wurde der erste klassische Brillant mit 58 Karat geschliffen. In Russland schrieb man geschliffenen Diamanten eine geheimnisvolle, wunderbare Kraft zu. Die Monarchen liebten diesen Stein sehr. Doch sie alle übertrumpfte die russische Zarin Katharina die Große, deren Krone, die 1762 angefertigt und mit 5000 Brillanten geschmückt worden war, als die schönste in Europa galt. In Moskau gibt es einen Diamantenfonds, und dort kann jeder Tourist die Kleinodien der Zaren besichtigen. Von allen Diamanten der Zaren blieb mir vor allem der Diamant »Scheich« mit seiner ungewöhnlichen, langgestreckten Form und irgendwelchen geheimnisvollen Aufschriften an den Kanten in Erinnerung. Er wurde 1829 dem russischen Zaren Nikolaus I. vom persischen Prinzen Chosdrew-Mirza geschenkt, als Sühne für den bestialischen Mord an dem russischen Gesandten, der ein großer Dichter war: dem Dramatiker Alexander Gribojedow.

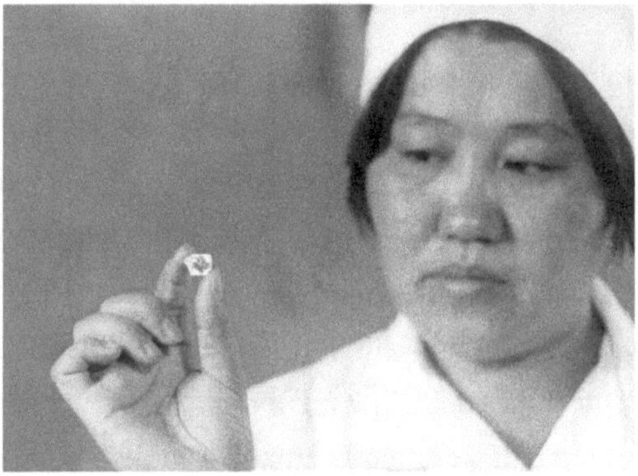

Und was geschieht heute mit den Diamanten Jakutiens? 1996 wurde zwischen der Gesellschaft »Die Diamanten Russlands – Sacha« und dem größten englischen Diamanten-Unternehmen »De Beers« ein Abkommen geschlossen, das drei Jahre gültig war. Danach verpflichteten sich »Die Diamanten Russlands – Sacha«, ihre Produktion für 500 Millionen Dollar im Jahr zu verkaufen. Mit Ausnahme der besonders großen, einmaligen Diamanten. Wie jener Stein, den das Jakutenmädchen auf meinem Foto in der Hand hält.

Einmal, im Januar 1996, lief im deutschen Fernsehen eine Reportage aus Paris. In der berühmten Grand Opéra versammelte sich die internationale Prominenz des Juwelier-Designs. Es wurden die diamantenen Prämien von »De Beers« für die besten Arbeiten der beiden letzten Jahre verliehen. Und plötzlich sah ich unter den Preisträgern die liebliche russische Frau Jelena Opaljewa, die den Preis für ein herrliches hundertfünfkarätiges Collier erhalten hatte. Ich sah mir die funkelnden Steine genau an, und plötzlich erinnerte ich mich, woher sie stammten. Und da ersteht vor meinen Augen

Jakutien, die ferne Stadt Mirnyj jenseits des Polarkreises, das Diamanten-Kombinat, das Jakutenmädchen, das mir die großen Diamanten zeigt. Und der zugefrorene Winterweg, auf dem bei 50 Grad Frost die Lastwagen nach Mirnyj und zurück nach Lensk fahren. Und dann erhebe ich die Augen zum Himmel und flüstere: »Herr, rette jene, die unterwegs sind, gib ihnen Kraft und Geduld.«

Das Jakutentreffen

Vor Ihnen liegt ein Gruppenfoto der hundert besten Arbeiter der »Kulturfront« Jakutiens (heute Republik Sacha), die sich im Winter 1977 zu einem Treffen versammelten. Wir kamen vom ganzen Norden in die kleine jakutische Siedlung mit dem seltsamen Namen Namzi. Wir kamen mit den leichten Flugzeugen AH-2, unter denen die Eisschollen der Tschuktschen-See und der Ostsibirischen See drifteten, mit Hundegespannen, mit geländegängigen Wagen und auf Rentierschlitten. Jakuten, Ewenken, Ewenen, Tschuktschen und unter ihnen nur eine einzige Russin – ich. Ich sitze in der ersten Reihe in Stiefeln aus Rentierpelz, die *Torbos* genannt werden. In diesen meinen Torbos-Stiefeln ging ich einige Kilometer zu Fuß durch die Tundra, um zum winzigen Flugplatz für die Geologen zu gelangen, die mich mitnahmen und im Hubschrauber zu diesem »Treffen der Kulturarbeiter der Republik« brachten. Das Thermometer zeigte 45 Grad minus.

»Was machen Sie hier als Russin?« wunderte sich der Pilot des Hubschraubers. Ich antwortete nicht. Er hätte mir auch nicht geglaubt, wenn ich gesagt hätte, dass mich Jakutien bezaubert hatte, dass ich wunderbar unter den Jakuten lebe und dieses Land nur mit meiner ersten Liebe vergleichen kann. Dass meine Götzen im Land des »weißen Schweigens« für lange Zeit die »Supermänner« der Polarexpedition, wie etwa Nansen, Amundsen und Scott, waren und dass auf meinem Nachttisch Melvilles »Moby Dick oder Der weiße Wal« lag …

Auf diesem Treffen habe ich viele Menschen kennengelernt, die später die Helden meiner ersten Dokumentarerzählungen aus dem Norden wurden. Die Leiter der Klubs und Laienkunstgruppen, die

Volkstänzer und Volkserzähler, alle waren sie Kinder der Jäger, der Lenker von Rentier- und Hundeschlitten oder der Fischer. Sie wussten viel und waren gute Erzähler.

Auf diesem Gruppenfoto steht hinter mir Uljana Pendykowa aus der Siedlung Bolschoj Batlym. Sie gehört dem Volk der Chanten an. Zweimal sang sie im Unionshaus in Moskau und gastierte mit ihrem Programm sogar zweimal mit einer Gruppe Nordländer in Norwegen. In jenen Zeiten zeigten die Machthaber Interesse am künstlerischen Schaffen des Volks. Uljana war in dieser Zeit um die vierzig, sie lebte unverheiratet und ohne Kinder. Im Haushalt gab es ein Pferd. Uljana ist eine wunderbare Jägerin. Sie erzählte uns, dass sie als dreizehnjähriges Mädchen zum ersten Mal ein Gewehr in der Hand hielt. Und seit jener Zeit dient dieses Gewehr ihr auf Treu und Glauben. An jede Jagd erinnert sie sich bis in die Einzelheiten. Wir baten sie, von der Bärenjagd zu erzählen. Und sie erzählte uns von ihrem interessantesten Jagderlebnis. Einen Bären jagt man zu zweit, aber Uljana war diesmal allein mit dem Hund. Als sie an der Bärenhöhle angelangt war, stöberte der Hund den Bären auf. Nach dem Brauch der Chanten darf man den Bären nicht sofort töten: Vorher muss man ein kurzes Grußwort an ihn richten. Doch sie konnte sich kaum fassen, als der Bär aus der Höhle herauskroch, den Hund mit seiner mächtigen Pranke schlug und sich auf Uljana zubewegte. Mit einem Schuß aus dem Gewehr tötete sie ihn auf der Stelle. In ihrem zweiläufigen Gewehr war der obere Lauf mit einer Kugel für die Bärenjagd geladen, der untere mit einer Kugel zum Jagen der Eichhörnchen. Doch nun geschah etwas Unerwartetes – aus der Höhle lugte ein zweiter Kopf – die Bären überwintern selten zu zweit –, und es war schon zu spät, um das Gewehr umzuladen. Um einen Bären mit einer kleinen Kugel zu töten, die für Eichhörnchen bestimmt ist, braucht man in einer derart gefährlichen Situation, wenn das wütende Tier nur einige Schritte entfernt ist, hohe Meisterschaft auf dem Gebiet der Jagd und der Selbstbeherrschung. Und Hilfe gibt es nicht: Der Hund winselt in einiger Entfernung mit einer Wunde am Hals, die ihm der Bär zugefügt hat.

»Ich tötete ihn und weinte«, sagte Uljana, »und dann erinnerte ich mich, dass ich vor seinem Tod kein Grußwort nach unserem chantischen Brauch an ihn gerichtet habe. Dann stürzte ich zum Hund, um ihm zu helfen.«

Wir erörterten diesen Vorfall lange. Die übrigen Teilnehmer des Treffens erinnerten sich an andere Ereignisse. Und fast alle beklagten sich, dass sowohl die Vertreter der offiziellen Macht als auch andere ungestraft von Hubschraubern aus Füchse und Rentiere jagen. Und sie machen das heimlich, ohne Zeugen. Mit welchem Schmerz erzählten sie doch von diesen Akten des Vandalismus auf dem Gebiet der Jagd und davon, dass man Wälder abholzt und Flüsse verschmutzt.

Das Thema meines Berichts auf dem Treffen war »Die Musikerziehung der Kinder und Erwachsenen (mit Beispielen klassischer Musik)«. Und das Thema des Auftritts von Uljana war »Neue

Volkslieder der Chanten«. Sie wurden von Uljana selbst verfasst und gesungen. Sowohl in Moskau als auch im fernen Norwegen sang sie, wie sie uns erzählte, eigene Lieder von den Wäldern und Flüssen ihrer Heimat, von der Schönheit und Tapferkeit ihres Volks. Und überall wurde sie freundlich empfangen.

Unser Treffen dauerte eine ganze Woche, wir freundeten uns an und tauschten unsere Adressen aus, und ich hatte die Möglichkeit, überall im Norden Gast zu sein.

Wenn ich dieses Foto anschaue, denke ich oft: Und was geschieht mit meinen Freunden heute? Und das Herz zieht sich mir zusammen, denn ich weiß: Die letzten Nachrichten aus dem Norden (vom November 1998) klingen wie Frontberichte: Republik Sacha (Jakutien): Die Regierung sah es als notwendig an, eine strenge Rationierung der Lebensmittel einzuführen. Aber auch diese Maßnahme konnte wenig bewirken, da das Mehl, die Butter und andere unbedingt notwendige Grundnahrungsmittel nur bis Februar reichten.

Magadan: Wegen des Fehlens von Brennstoff war im Zentrum der Region mit einer Bevölkerung von fast 150 000 Menschen zwei ganze Wochen lang der Transport von Menschen und Gütern unmöglich, insbesondere mussten die öffentlichen Verkehrsmittel stillgelegt werden.

Schmidt-Bezirk, Tschukotka: Die Vorräte an Brennstoff reichen nur für ein paar Tage; mit einer befristeten Evakuierung der Bevölkerung der Siedlungen hinter dem Polarkreis wurde begonnen, schon sind einige hundert Personen verschickt worden, noch 3 500 sollen evakuiert werden, doch dafür ist kein Geld da.

Autonomes Gebiet der Korjaken: Die Kinder sitzen in der Schule in Wintermänteln, alle Schulstunden wurden von 45 auf 15 bis 20 Minuten gekürzt.

Im ganzen befinden sich drei Millionen an der Grenze des Existenzminimums, Menschen, die in der unglücklichen Lage sind, heute in den schwer zugänglichen Regionen des Nordens zu leben.

Dessert auf nenzische Art

Auf dem Foto sind zwei meiner nenzischen Schüler, die Brüder Pascha und Semjon Danilow, zu sehen. Im Haus ihrer Eltern in der Altstadt des jakutischen Städtchens Lensk weilten ständig Gäste. War ein entfernter Verwandter im Begriff abzureisen, traf schon der nächste ein. Jeder, der im Fenster des kleinen Hauses Licht brennen sah, ob fremder Passant oder enger Freund, konnte zu jeder Tages- und Nachtzeit einen Besuch abstatten. Sich vorher anzumelden, ist bei den Nenzen nicht üblich. Tagsüber, wenn der Hausherr nicht da war, hielt in der Regel ein Verwandter »Wache« und empfing den Gast. Jeder wurde bewirtet, vom Soldaten bis zum Vorsitzenden des Gemeinderates. Auch ich. Das Familienoberhaupt der Danilows war Jäger, und in der Familie galt nach alter nenzischer Tradition Leber als größter Leckerbissen. Die Nenzen verspeisen die Leber frisch erlegter Tiere roh, haben aber auch spezielle Rezepte für Rentier- und Rinderleber. Bei den Danilows habe ich zum ersten Mal nenzische Leberpastete gegessen, geschmorte Leber und Dutzende einfacher, aber abwechslungsreicher Speisen aus frischem, tiefgefrorenem oder getrocknetem Fisch. Vielleicht werde ich eines Tages ein Kochbuch »Nenzische Küche« mit den Rezepten der Danilows schreiben. Ein dickes Schreibheft voll habe ich gesammelt!

Aber am stärksten fasziniert hat mich ein Dessert. In dieser Familie, wo man die nenzische Küche schätzte und etwas davon verstand, schmeckte Leberdessert besonders gut. Hier das alte nenzische Rezept:

Preisel- oder Moosbeeren (nur Wildbeeren verwenden) zerstampfen, Saft auspressen. Die Beerenreste mit Wasser bedeckt zum Kochen bringen, anschließend durch ein Sieb gießen, Zucker zugeben und nochmals zum Kochen bringen. Dann Sud und Beerensaft zusammengießen, Gelatine zugeben. (Statt Gelatine verwenden die Nenzen eine besondere Flechtenart, das isländische Moos, *Cetraria islandica.* Es wird in Wasser eingeweicht und ausgekocht.) Die gesäuberte Leber mehrmals durch den Fleischwolf drehen. Alles vermengen, kräftig mit dem Beerensud verrühren. Die geschlagene Masse in eine Form oder auf ein Blech geben, kühl stellen und servieren.

Für hundert Gramm Leber braucht man fünfzig Gramm Preisel- oder Moosbeeren, siebzig bis achtzig Milliliter Wasser, fünfzig Gramm Zucker und fünf Gramm Gelatine.

Erstaunlicherweise lagern die Menschen im Hohen Norden frische Moosbeeren ohne jegliche besondere Konservierung das ganze Jahr über. Und sie bleiben frisch! Das liegt an der Benzoesäure, die sie enthalten. Genau wie die Preiselbeere hilft die Moosbeere gegen viele Krankheiten. Und Moosbeerendessert ist besonders schmackhaft!

Viel Spaß beim Kochen!

Das Wasserkraftwerk von Bratsk

Am einzigen Fluss, der aus dem Baikalsee fließt – dem See, der auf der Erde die reichsten Süßwasservorräte hat – wurde vor vierzig Jahren ein einzigartiges Wasserkraftwerk erbaut – das Kraftwerk von Bratsk an der Angara. Das war in einer Zeit, in der das Land an Gigantomanie litt: Wir wollten die Welt begeistern und zum Staunen bringen: Seht, wer wir sind!

Das Wasserkraftwerk von Bratsk wurde zum Bau der Jugendorganisation, der Komsomolzen, erklärt. Und die Jugend baute in ungeahnt kurzer Zeit (bis jetzt ist dieser Rekord nicht von einer einzigen Baugesellschaft der Welt gebrochen worden) eine 125 Meter hohe und 900 Meter lange Talsperre. 1961, als die erste Turbine in Betrieb genommen wurde, redete die Welt von Bratsk. Diese Stadt nahm in jener Zeit den ersten Platz ein, was die Geburtenhäufigkeit der Bevölkerung betrifft: Jeden Tag gab es 18 Geburten!

Ich träumte schon lange von einem Aufenthalt am Wasserkraftwerk von Bratsk. Im Dezember 1985 kamen zur Dreißigjahrfeier Gäste und Journalisten dorthin. Alle schrieben von der Energie, die die billigste im Lande sei (und das ist bis heute noch so), von den Plänen zum Bau einer Stadt, die aus einzelnen Siedlungen bestehen soll, die sich in einer Länge von 90 Kilometern erstrecken.

Ich überging die offiziellen Feiern und begab mich allein zum Wasserkraftwerk, dann in eine Aluminiumfabrik, dann in ein holzverarbeitendes Kombinat … Das, was ich erkennen konnte, erschütterte mich: In der Stadt herrschte furchtbares ökologisches Elend. Zweihundert Tage steht über der Stadt ein dichter grauer Nebel. Dann fahren keine Busse und Autos, denn man sieht nichts. Schuld daran sind das Wasserkraftwerk und eine große Zahl holzverarbeitender Unternehmen. Vor dem furchtbaren ätzenden Geruch gibt es nirgendwo Rettung. Auf einen Quadratkilometer gehen 600 Kilogramm Fluor im Jahr nieder. Alle herrlichen Nadelwälder sind im Umkreis von 30 Kilometern zerstört. Die Verursacher des Waldsterbens und des Ansteigens von Erkrankungen der Bevölkerung (besonders der Kinder) waren das Wasserkraftwerk und der Leichtindustrie-Komplex, aus dem 1999 die Aktiengesellschaft »Bratsk-Komplex-Holding« entstand.

Heute reißt sich die Jugend nicht mehr um Bratsk. Der größte Teil der dortigen Bevölkerung sind Alteingesessene. Sie haben keinen

Ort, wohin sie fahren könnten. Die einzige Freude der Sibirier sind die kleinen Datschen am Rande der Stadt. Jeder hat sein Gemüsegärtchen, sein Obst. Und die ökologische Katastrophe dauert an. Man sagt, dass die Stadt allein für den Erwerb von Entsorgungsanlagen für den Industriekomplex mehr als hundert Millionen Dollar benötige. Doch woher sie nehmen?

Als ich heimfuhr, machte ich dieses Abschiedsfoto: das Wasserkraftwerk von Bratsk.

Das Echo des Krieges

Den ganzen Tag war der Notarztwagen vor einem Leningrader Kino im Einsatz. Es wurde der Dokumentarfilm »Die Blockade« aus der Serie »Der Große Vaterländische Krieg« gezeigt. »Macht doch wenigstens einen Sanitätsraum im Kino auf«, wetterte eine alte Platzanweiserin, als abermals ein Zuschauer in Ohnmacht fiel und aus dem Saal getragen wurde. Das war Ende der 70er Jahre. Der zwanzigteilige Dokumentarfilm »Der Große Vaterländische Krieg« war gerade in die Kinos gekommen, er war aus 4 Millionen Metern Archivmaterial zusammengestellt worden, einzigartigen Filmdokumenten, die von 252 Frontkameramännern während des Krieges aufgenommen worden waren.

Ich weiß noch, wie mein Vater – Wassili Iwanowitsch Kuschtewski –, der den ganzen Krieg mitgemacht und dem Tod nicht selten ins Auge geblickt hatte, weinte, als er die Filme sah.

Aber das Erstaunlichste war: Das Zentrale Dokumentarfilmstudio erhielt körbeweise Briefe. Mütter und Frauen erkannten auf der Leinwand ihre Männer und Söhne – jung, nah und lebendig! »Ich flehe Sie an, kopieren Sie bitte die Bilder, auf denen mein … zu sehen ist!«

Solcherart Briefe kamen noch viele, viele Jahre zu Tausenden ins Studio. Antonina Wolkowa, die Chefredakteurin der Filmchronik, verschickte die Fotos. Die Fotos selbst aber kopierte der alte Frontkameramann Alexej Lebedjew, der dafür ein spezielles Gerät entwickelt hatte. Wir jungen Dokumentarfilmer halfen manchmal, die Post durchzusehen, wenn sie sich sehr angehäuft hatte. Diese Briefe werde ich nie vergessen. Hier ist einer davon:

Alle zwanzig Filme aus dem »Großen Vaterländischen Krieg« habe ich mir zweimal angesehen. Und habe jeden Film beweint.

Im allerersten Film tragen zwei Soldaten einen verwundeten Panzerfahrer. Der Verwundete wendet sein Gesicht zur Kamera, und ich erkenne meinen Bruder. Ich bin 62 Jahre. Bis heute erinnere ich mich an seinen Blick, seine Lippen, seine Haare, seine Stirn, an all seine Gesichtszüge kann ich mich erinnern. Als ich ihn auf der Leinwand sah, hätte ich fast losgeschrien:

»Bruder! Aljoscha!«

Der Zuschauersaal war voller Menschen. Ich riss mich zusammen, aber meine Tränen konnte ich nicht zurückhalten. Danach bin ich durch die ganze Stadt gezogen, um ein Kino zu finden, in dem der erste Film noch einmal gezeigt wurde.

Ich bitte Sie sehr, falls es möglich ist, dieses Bild für mich zu kopieren.

Hochachtungsvoll
O. Kapustina, Ust-Kamenogorsk

Und hier ein ungewöhnlicher Brief über eine Tochter, die ihren Vater nach vielen, vielen Jahren zum ersten Mal in ihrem Leben auf der Leinwand sah.

Liebe Genossen, aus Kaliningrad schreibt Euch Jewgenija Iwanowna Uscharowskaja. Ich habe selbst an der Front gekämpft, ich diente auf Schiffen der Schwarzmeerflotte. Als ich 1944 wegen einer Verwundung demobilisiert wurde, sah ich endlich meinen Mann wieder. Er war Pilot und hatte Urlaub. Damals dachten wir, der Krieg wäre bald zu Ende, und wir könnten endlich an Nachkommen denken. So wurde unsere Tochter geboren.

Nach dem Tag des Sieges, am 9. Mai, erhielt ich die Nachricht, dass mein Mann in den Kämpfen um Berlin gefallen war. So hat mein Töchterchen, das 1945 geboren wurde, ihren Vater niemals zu Gesicht bekommen. Nicht mal ein Foto von ihm hatten wir zu Hause. Im Krieg waren meine Schiffe mehrmals gesunken, das Meer hatte alles verschluckt.

Mit großer Hoffnung habe ich mir den elften Film »Der Luftkrieg« angeschaut, ich dachte, vielleicht sehe ich jetzt meinen Mann, aber der Film ging schon seinem Ende entgegen, und mein Mann kam nicht vor. Die Abschlussmelodie ertönte bereits, man sah schon den Festtagstisch, an dem sich am Tag des Sieges die Soldaten versammelten. Und plötzlich! Was war das? Es wurde noch ein älteres Bild gezeigt: Aus einem gelandeten Flugzeug sprang der erste Pilot heraus, dann der zweite, er nimmt seinen Helm ab … mein Mann! Ich flehe Sie an, es ist für meine Tochter, und vor allem für meinen achtjährigen Enkel, schicken Sie mir bitte dieses Foto, man kann es doch bestimmt aus dem Film kopieren. Vielleicht ist der Brief etwas wirr geraten, aber Sie müssen mich verstehen und mir verzeihen. Ich bin bereits 60. Als ich mir am nächsten Tag mit meinem Enkel und meiner Tochter den Film noch einmal ansah und ihnen den Vater und Großvater zeigte, da sagte mein Enkelsohn: »Großmutter, das ist doch nicht mein Großvater, er ist ja noch ganz jung …«

So haben sich viele Jahre nach dem Krieg die Schicksalslinien der Menschen noch einmal gekreuzt – die der Toten und der Lebendigen.

Ich weiß noch, wie ich eine Filmsequenz suchen musste, um die eine Frau aus Minsk gebeten hatte. Sie wollte unbedingt wissen, wo die Aufnahmen gemacht worden waren. Mir gelang es nicht, das in Erfahrung zu bringen, denn die Filmsequenz stammte offenbar aus einer deutschen Wochenschau, die als Trophäe in sowjetische Hände geraten war. Aber an diesen tragischen Brief musste ich noch lange denken:

In der ersten Folge des Films »Der Große Vaterländische Krieg« habe ich meine Schwester, Gerschanowitsch Nina, erkannt. Vor dem Krieg diente sie im 209. Medizinischen Bataillon in der Stadt Retschitz (Belorussland). Der Sprecher sagt: »Es war eine schwere Zeit«. Man sieht, wie unsere Kriegsgefangenen eine Straße langgetrieben werden, als Großaufnahme sieht man ein Mädchen in Militärbluse, ihr Haar ist über der Stirn zu einer Tolle zusammengerollt, das Gesicht ist starr, ringsum Deutsche. Sie war für mich der liebste Mensch. Ich verstehe, dass man nichts mehr ändern und nichts ungeschehen machen kann, aber ich hätte gerne mehr über ihr Schicksal gewusst.

Hochachtungsvoll.
Anna Gerschanowitsch, Minsk.

Sogar alte Soldaten, die am Leben geblieben waren, erkannten sich wieder.

Ich glaube, ich habe mich im Film erkannt: Ich lag auf einer Trage. Der Krieg ging zu Ende, in Elbingerode wurde ich schwer verwundet, die Kugel traf mich einen Zentimeter unter der linken Schläfe und kam am rechten Unterkiefer wieder heraus. Ich weiß noch, wie sie mich auf der Trage transportierten und der Sanitäter zu mir sagte:

»Guck mal, du wirst gefilmt, da kann dich deine Braut sehen.«

Aber ich hatte damals noch keine Braut. Während ich das Bewusstsein verlor, dachte ich: »Wenn das nur meine Mutter nicht sieht ...«

Ehemaliger Kundschafter der 360. Kundschafterabteilung der 281. Division, I. Bulkatsch
Unser 614. Granatwerferregiment kam vom Süden her Prag zu Hilfe. Die jubelnde Stadt empfing uns mit einem Blumenmeer, alle Einwohner hatten Festtagskleider an. Ich sah einen unserer Soldaten mit einer Kamera, er gab mir ein Signal: Achtung, ich filme. Aber ich ging zu den Menschen, die auf dieser Straße wohnten, nahm zwei Kinder auf den Arm und sagte:

»So ist es besser.«

All das hatte ich längst vergessen, und plötzlich sehe ich mich im Film mit den beiden Kindern auf dem Arm.

Damals in Prag war ich 20 Jahre. Der Weg in die Heimat war lang und beschwerlich, ich habe nämlich noch in Japan gekämpft.

A. Romachin

Eine Filmsequenz gab es, die eine seltsame Wirkung zeitigte: Mehrere Familien glaubten nämlich gleichzeitig, einen ihrer Verwandten erkannt zu haben. Wir kamen gar nicht mit dem Versenden der Fotos nach, so viele Briefe erhielten wir! Eine alte Frau schrieb uns, sie habe neben Marschall Schukow ihren Sohn wiedererkannt. Eine andere schrieb, das sei ihr Bruder, eine dritte – ihr Mann, die vierte Briefschreiberin will ihren Vater gesehen haben ... Einige kamen sogar ins Studio, um sich den Film zur Vergewisserung noch einmal anzuschauen. Von den vielen Briefen habe ich einen ausgewählt:

Als die Wehrmachtsoldaten, die in Gefangenschaft geraten waren, gefragt wurden, was sie im Kampf mit der Roten Armee am meisten gefürchtet hatten, sagten sie für gewöhnlich: den Panzer T-34 und Marschall Schukow. Das ist verständlich. Marschall Schukow war immer an den wichtigsten Frontabschnitten zu finden: bei der Verteidigung von Leningrad, bei der Schlacht um Moskau, bei der Schlacht um Stalingrad, bei der Schlacht am Kursker Bogen, bei der Schlacht um Berlin … Als ich mir den Dokumentarfilm ansah, habe ich neben Schukow meinen gefallenen Mann erkannt – W. Bolschakow (der zweite von rechts). Der Film hat mich erschüttert. Ich habe sehr geweint. Ich habe eine große Bitte an Sie: Schicken Sie mir bitte ein paar Fotokopien aus diesem Film.

T. Bolschakowa. Leningrad

Hier sehen Sie das Foto, das diese seltsame Wirkung zeitigte. Es ist ein einzelnes Bild aus einem Film von unschätzbarem Wert, der aus vier Millionen Sequenzen besteht, die von Frontkameramännern aufgenommen wurden.

Dieses Thema ist tabu!

Es gab eine ganze Reihe verbotener Themen in der UdSSR, über die man nicht schreiben durfte. Einige davon habe ich nach der Perestroika in meinen Dokumentarfilmen realisiert: »... und aus den Netzen des Teufels befreie mich!« (über das Problem des Selbstmords), »Die Fahrlässigen« (über ein Straflager in Kasachstan), »Von Irdischem und Himmlischem« (über einen Dorfgeistlichen und seine Gemeinde). Aber in meinen Notizbüchern stehen noch Dutzende Tabu-Themen, deren Verfilmung ich selbst nach der Perestroika nicht durchsetzen konnte. Eins davon ist der Bericht über die »schwarzen Pfadfinder«. Es gelang mir nicht nur, mit einigen von ihnen in Moskau ins Gespräch zu kommen, sondern einen, der das Gewerbe aufgegeben hatte, zu überreden, in einem Dokumentarfilm eines meiner Kollegen mitzuwirken.

Wer sind die »schwarzen Pfadfinder«? Leichenfledderer, Marodeure. Junge Leute auf der Suche nach Toten. Natürlich nach deutschen Toten. Sie kennen die Schauplätze des Zweiten Weltkriegs ganz genau und »arbeiten« beispielsweise in der Nähe der Stadt Demensk, wo im Winter '43 mehrere deutsche Divisionen in den Sümpfen ihre letzte Ruhestätte fanden. Sie ziehen die Leichen aus dem Schlamm, nehmen ihnen alles ab – vom Orden bis zur Uniformjacke – und handeln dann damit auf dem Trödelmarkt von Ismailowo oder Chimki in Moskau. Die Käufer sind Ausländer, die für Eiserne Kreuze, Helme und Uniformen viele Dollar bezahlen.

Die jungen Marodeure graben nur Deutsche aus, denn Uniformen der Roten Armee sind nicht gefragt.

Mein neuer Bekannter hieß Sascha, er war Moskauer und 22 Jahre alt. »Ich bin zu den ›schwarzen Pfadfindern‹ gegangen, weil ich nie Geld hatte. Zuerst habe ich mich geekelt, dann habe ich mich dran gewöhnt. Ich hatte sogar mehr Glück als die andern. Meine Eltern? Nein, die haben nichts gewusst. Sie dachten, ich sammle allen möglichen Plunder aus der Kriegszeit. Mein Zimmer habe ich in ein Lager für Waffen, Orden und Souvenirs der Wehrmacht verwandelt. Aber eines Nachts, meine Geldangelegenheiten liefen gerade besonders gut, und alles schien in Butter zu sein, träumte ich von einem halbverwesten deutschen Soldaten, der mich zuerst anflehte, dann anschrie, ich solle ihm alles zurückgeben, was ich ihm weggenommen hatte – ein kleines Kreuz, Orden, ein Portemonnaie mit halbverwitterten in Zellophan eingewickelten Papieren. ›Gib mir alles zurück …‹, schrie er und kam mit ausgestreckten Armen direkt auf mich zu. Seit dieser Zeit habe ich nachts Angst, ich habe Angst einzuschlafen. Immer neue Tote kamen zu mir, denen ich Waffen, Helme, manchmal sogar die Unterwäsche weggenommen hatte. Sie schrien und forderten alles zurück. Das habe ich nicht ausgehalten. Meinen Kumpeln habe ich alles, was ich hatte, zu einem Spottpreis verkauft, damit nichts mehr in meinem Zimmer rumlag. Aber die Träume hörten nicht auf. Das war grauenvoll! Ich ging nicht mehr auf ›Suche‹, ich habe mir eine andre Arbeit besorgt, aber auch das half nicht. Ich hatte Verfolgungswahn und musste für lange Zeit in Behandlung. Fast zwei Monate habe ich im Krankenhaus gelegen. Auch jetzt muss ich noch Tabletten schlucken.«

Ich wollte nicht nur über Sascha einen Dokumentarfilm drehen, sondern auch über die neofaschistischen Jugendlichen, die Moskauer Skinheads. Denn sie sind es, die den »schwarzen Pfadfindern« die NS-Uniformen, -auszeichnungen und andere Symbole ihrer »geistigen Vorfahren« abkaufen. Sascha machte mich mit einem seiner Stammkunden bekannt, einem Schüler einer Technischen Berufsschule, dem Skinhead Nikolai.

Der Film sollte aber nicht nur von Sascha, Nikolai und ihren Freunden handeln, ich wollte dieses düstere Thema mit einem Bericht über eine andere Gruppe von jungen Leuten aufhellen, nämlich über die »roten Pfadfinder«, die nach dem Vermächtnis des großen russischen Feldherrn Suworow, welcher sagte, dass ein Krieg nicht zu Ende sei, solange nicht der letzte gefallene Soldat begraben sei, in den Wäldern und Sümpfen nach Massengräbern suchen, in denen neben sowjetischen Soldaten auch deutsche liegen. Diese jungen Leute hatten im Laufe der Zeit 200 000 Überreste sowjetischer Soldaten gefunden und die Namen von 5 000 Gefallenen und Vermissten festgestellt. Außerdem entdeckten sie die Überreste von 4 000 Wehrmachtsoldaten und stellten die Namen von 200 Deutschen fest. Diese selbstlosen jungen Leute aus Wolgograd und Moskau arbeiten mit dem Volksbund Deutsche Kriegsgräberfürsorge in Osteuropa zusammen.

Als ich das Szenarium geschrieben hatte, wurde ich gebeten, Sascha herauszunehmen: »So etwas darf nicht gedreht werden! Das ist ein Tabu-Thema!«

Aus meinem Filmprojekt wurde nichts. Als Andenken an die Zeit, als ich das Material sammelte, besitze ich ein Foto, das ich auf dem Trödelmarkt in Chimki bei den »schwarzen Pfadfindern« entdeckte. Es lag abseits auf dem Tisch in einem noch gut erhaltenen ledernen Soldatenportemonnaie. Sie winkten ab: »Nehmen Sie nur, nehmen Sie es! Das Portemonnaie ist vielleicht noch was wert, aber das Foto …! Wer interessiert sich schon für sowas?«

Ich erinnere mich noch an den Schmerz in meinem Herzen, als ich zum ersten Mal das kleine Mädchen und seine liebevolle Mutter auf dem Foto betrachtete. Es schien, als ob die Kamera selbst ein Gefühl von Zärtlichkeit gegenüber diesen beiden Wesen empfunden hätte. Offenbar gab es eine innige Beziehung zwischen dem unbekannten deutschen Soldaten und seiner Familie, die zu Hause auf ihn wartete. Und diese Bande hat der Tod zerrissen. Gewiss war es sein Herzenswunsch, dorthin zurückzukehren, in den alten Park, wo er einst die beiden Menschen fotografiert hatte, die er so liebte.

Die Feuerinsel

»Fotografieren ist bei uns streng verboten«, sagt der Chef der Feuerinsel, Oberst Alexej Rogow, als ich mit ihm über auf dem Boden liegende Holzplanken zum Gefängnis laufe. Hier, auf der Feuerinsel, leben hinter einem hohen Drahtzaun 141 zum Tode verurteilte Gefangene, deren Strafe in lebenslängliche Haft umgewandelt wurde. Die Insel liegt im Gebiet Wologda, im Norden Russlands. Auf der Insel stand bis zur Revolution das Kirillo-Nowoosjorskij-Kloster, aus dem die Bolschewiki ein politisches Gefängnis gemacht haben. Seit den sechziger Jahren ist dieses Gefängnis eine Strafanstalt für verurteilte Mörder. Ich laufe mit dem Oberst durch einen gelben Korridor, an dem die Zellen liegen. Diese Zellen sind mit einer schrecklichen blauen Farbe angestrichen, in jeder leben je zwei Gefangene. Ich warte die allabendliche Zählung ab, danach darf ich mit einigen Gefangenen sprechen. Der hiesige Geistliche, Vater Johann, erzählt mir, dass er relativ häufig ins Gefängnis geht, um den Mördern »ihre Sünden zu erlassen«, und dass viele von ihnen Gott suchen und Ruhe finden. Andere dagegen widersetzen sich und halten ihre Strafe für ungerecht, Dritte verlieren den Verstand …

»Ich habe mit dem Beil auf sie eingeschlagen …«

»Ich habe meine Kinder mit einem Strick erwürgt …«

»Ich habe ihren Körper in den Wald gebracht …«

Ich studiere die Gerichtsakten der Verurteilten, betrachte ihre Gesichter und fange plötzlich an zu zittern, als ich das ungewöhnliche Geständnis lese: »Ich habe die Strafe verdient, Gott hat mich hierhergeführt, um mir mein niederträchtiges Leben vor Augen zu führen. Ich wollte sterben, aber Gott hat es nicht gewollt. Mir bleibt nichts, als hier auf meinen Tod zu warten. Ich weiß, dass ich nicht einmal ein Kreuz auf meinem Grab verdiene …«

Die anonymen Gräber auf dem Gefängnisfriedhof haben keine Kreuze, sondern lediglich Nummern, wird mir erzählt.

14000 russische Frauen, die von ihren Männern oder Liebhabern ermordet wurden. 56000 Mütter und Frauen, die infolge grausamer Gewaltanwendung ins Krankenhaus kamen. Das ist die russische Statistik des Jahres 1996.

Nicht die Straße und nicht den dunklen Hof müssen die Frauen in erster Linie fürchten, betonen Juristen und Soziologen, sondern den Ehemann, den Vater, den erwachsenen Sohn und den Schwiegersohn … Das Haus ist keine Festung mehr, es hat sich in eine Hölle verwandelt.

Die Zeitungen schreiben häufig von »verbrecherischen Racheakten« in Russland, in Wahrheit aber werden im Jahr 300 Menschen von Killern getötet. Während dagegen 12000 bis 14000 Russen Opfer von Familienstreitigkeiten werden. Allein in Sankt Petersburg geschehen jährlich 400 Morde innerhalb der Familie. Verwunderlich an dieser Statistik ist, dass es in Russland, im Vergleich mit anderen Ländern, den geringsten Prozentsatz an Morden aus Habgier gibt. Weniger als fünf Prozent der Mordfälle bei Ehepaaren geschehen aus der Absicht, an das Erbe oder das Haus heranzukommen. Der Großteil der Morde geschieht aus Eifersucht. In der Hauptsache sind Frauen die Opfer. Welche Gründe gibt es noch? Selbstsucht, unüberwindliche Charaktergegensätze, Streit um die Kindererziehung, um die Verteilung der häuslichen Pflichten. Sogar der Wunsch nach einem Kind kann der Auslöser für eine Familientragödie sein. Ich sehe das Gesicht eines Gefangenen, eines ehemaligen Petersburger Milizionärs, noch genau vor mir. Er erschlug seine schwangere Frau, weil er keine Kinder haben wollte. Auch seine Schwiegermutter hat er erschlagen. Jetzt lebt er auf der Feuerinsel.

»Das Quälendste für mich ist mein jetziges Leben, man kann es ja nicht einmal Leben nennen, es ist ein Tod auf Raten. Besser wäre eine Kugel in den Kopf! Warum hat der Präsident mich begnadigt? Ich habe ihm schon zwei Briefe geschrieben und darum gebeten, die Todesstrafe an mir zu vollstrecken …«, sagte er zum Abschied.

»Besser der Tod, als hier zu leben.«

Über die Holzplanken gehe ich ins Dorf zurück. Ende September ist es hier, im russischen Norden, schon ziemlich kalt. Die Blätter sind längst abgefallen, auf den Feldern brennen die Kartoffelfeuer. Das Foto erinnert mich daran, warum die Insel den Namen Feuerinsel trägt. Einst entzündeten die Mönche an den Wänden des Klosters, das im 16. Jahrhundert gegründet wurde, Pechfackeln. Die ganze Insel und das Dorf Nowoosjorowo loderten und versanken schließlich in der Dämmerung in einem wunderbaren und geheimnisvollen Licht.

Das war vor langer Zeit. Heute lodern andere Feuer in der Dämmerung – rauchige und traurige, wie auf diesem Foto, das ich auf der Feuerinsel gemacht habe.

Kampfdelphine

Womit verbinde ich Wladiwostok? Sie werden es nicht glauben, aber von meiner Reise in diese Stadt sind mir nur die Delphine im Gedächtnis geblieben, die ich auf einer Militärbasis zu sehen bekam, auf der ich meine Dokumentarfilme gezeigt habe. Das war einer der verwunderlichsten Anblicke in meinem Leben. Ich durfte das einzige Militärdelphinarium unseres Landes besuchen, in dem fünf Delphine als Meeresspione ihren »Dienst« leisteten. Die einzigartigen Tiere wurden in einer Bucht im Japanischen Meer für militärische Zwecke eingesetzt. Diese Unterwassersoldaten wurden zur Bewachung militärstrategischer Objekte und zum Aufsuchen von Tiefwasserminen abgerichtet.

Welche Fähigkeiten haben diese Tiere? Durch die Betätigung von Tasten auf speziell angebrachten Geräten können die Delphine den Militärstab über das Nahen feindlicher Taucher unterrichten. Sie können im Meer Sprengsätze finden, die Gefahrenstelle mit ihren Flossen markieren und vieles, vieles mehr. Man zeigte mir einen Delphin, der mehr als eine Tonne wog und mehr als vier Meter lang war.

Das war der Anführer, er hatte den Spitznamen Bion. Ein schönes Tier und, wie es hieß, ein kluges! Filmen durfte ich ihn nicht.

All die Jahre habe ich gedacht, dass dieses Militärdelphinarium ein Staatsgeheimnis sei, bis ich eines Tages in einer Zeitung auf eine kleine Notiz stieß. Im Zusammenhang mit der Schließung der gesamten Militärbasis wurde auch das Militärdelphinarium geschlossen, und die Delphine wurden in Wasserwannen nach Moskau gebracht. In den drei Tagen, die die Tiere unterwegs waren, nahm die Menge des Wassers so katastrophal ab, dass die Delphine fast umgekommen wären. Aber jetzt sei alles gut, wie es heißt.

Zum ersten Mal sah ich den Weißwal, den nördlichen Verwandten des Delphins, auf der Halbinsel Kola, in der Mündung des Flusses Warsuga am Weißen Meer. Ich kam im Winter in die Siedlung Kusomen. Diese Siedlung ist dafür bekannt, dass sie auf der einen Seite an die Tundra grenzt, auf der anderen ans Weiße Meer und auf der dritten Seite an den Fluss Warsuga. Ich arbeitete damals gerade an einem Drehbuch für den populärwissenschaftlichen Film »Ein Meter Tundra«, der übrigens ein Teil meiner Diplomarbeit an der Filmhochschule war. Ich schrieb, dass es neuerdings Sand in der Tundra gebe – eine riesige Fläche! Das sei das Resultat der Überweidung durch Rentierherden. Die Tiere hätten mit ihren Hufen die wunderbare Tundra in eine Wüste verwandelt, in der bisher nie dagewesene Sandstürme tobten. Ich schrieb, dass nach Meinung der Wissenschaftler die einzige Rettung darin bestünde, den Sand mit Waldanpflanzungen zu befestigen … Während ich Material für die Filmaufnahmen sammelte, lernte ich die halbe Siedlung kennen, die sich täglich im einzigen Laden wie in einem Klub traf und alle Neuigkeiten austauschte. Alle wollten wissen, warum ich in diese Einöde gekommen war und was mich hier interessierte. Als sie erfuhren, dass ich ein populärwissenschaftliches Drehbuch schrieb, wunderten sie sich: »Was gibt es da schon zu schreiben?«

Jemand erinnerte sich: »Vor einem Monat waren auch welche aus Moskau da. Sie wollten Weißwale für ihr Ozeanarium fangen. Die ganze Flussmündung war voller Lachse, an denen die Weißwale sich sattfraßen. Die Moskauer legten Netze aus, alles war genauestens geplant. Aber die Weißwale zerrissen die Netze, was für sie ein Kinderspiel war, und schwammen zurück ins Meer. So sind die Moskauer mit leeren Händen wieder abgezogen.«

Weißwale habe ich ganz aus der Nähe gesehen. Phantastische weiße Riesen tummelten sich im klaren blauen Wasser. Die Körperlänge betrug etwa vier Meter, das Gewicht nicht weniger als eine halbe Tonne. Der Anblick war dermaßen schön, dass ich ihn nie vergessen werde. Meeresriesen, die aussahen wie seltsame prähistorische Wesen, die laut prustend vor meinen Augen in ihrem Element herumschwammen. Unter meinen Füßen lagen nach dem großen Sturm vom Vortag Tang, Seeigel und Seesterne. Die Hunde aus der Siedlung rannten wie besessen am Strand entlang und drückten mit ihren Pfoten die Quallen in den Sand, die der Sturm an Land gespült hatte.

Fotos, die lügen

Irgendwann in den siebziger Jahren musste ich einen Teil meiner Fotos vernichten, was ich jetzt sehr bedaure. Ich lebte mit meinem Mann in einem winzigen Zimmerchen, in dem man nicht einmal eine Kinderwiege aufstellen konnte. Um das Zimmer vor der Geburt unserer Tochter ein wenig geräumiger zu machen, warf ich einige Kartons mit Fotos fort. Unter ihnen war eine alte Schachtel, die ich in Gedanken nannte: Fotos, die lügen. Da gab es die gefälschten Fotos der bekannten Tribüne des Lenin-Mausoleums, wo die Machthaber salutierten. Wenn einer von ihnen in Ungnade fiel, verschwand diese »missliebige« Person auf geheimnisvolle Weise aus den Fotos. Inzwischen ist allen bekannt, wie kunstvoll die Bolschewisten Dokumente fälschen konnten. Von Kindheit an erinnere ich mich an das berühmte Foto von Lenin, der auf der Tribüne auftrat. Dieses Foto hing in fast jedem Haus. Mit der Zeit verschwanden daraus zwei Menschen – Trotzki und Kamenew.

Ich hatte in diesem alten Karton auch einige solche interessanten Fotos, auf denen historische Fakten entstellt worden waren. Damals schon riefen diese Verdrehungen bei uns Jungen Neugier und Zweifel hervor.

Die Tribüne des Lenin-Mausoleums mit den Führern kann als das anschaulichste Beispiel für die Manipulation mit Fotodokumenten gelten. Die Geschichte dieser Fälschungen begann gerade mit diesem Foto, das beim ersten provisorischen Mausoleum am 11. Februar 1924 gemacht wurde. Von diesem Foto verschwand nach einiger Zeit Molotow, dann kamen die anderen an die Reihe. Dieses Foto gehörte früher einmal zu denen, die in vielen Wohnungen an der Wand hingen.

»Ich war Agent des KGB«

Diese Geschichte begann mit einer zufälligen Begegnung in den siebziger Jahren. Ich lebte und arbeitete damals in Sibirien und musste als junge Journalistin für die Lokalzeitung eine Reportage über einen Feiertag schreiben – den »Tag des Sieges im Großen Vaterländischen Krieg.« Bis zu diesem Zeitpunkt hatte ich in verschiedenen Städten gelebt und gearbeitet, doch nirgends hatte ich solch eine ängstliche und geradezu ehrfürchtige Beziehung zum Feiertag des Sieges im Großen Vaterländischen Krieg bemerkt, der in Russland am 9. Mai begangen wird, wie damals an jenem Ort. Nach der Statistik werden jeden Tag 822 Veteranen aus den Listen der Lebenden gestrichen. Den Siegestag am 9. Mai 2000 feierten nur 700 000 ehemalige Frontsoldaten. 515 000 von ihnen sind Invaliden.

Doch damals, in den siebziger Jahren, gab es in Sibirien noch viele Frontkämpfer. Und sie bereiteten sich für diesen Feiertag beizeiten vor. Die Veteranen legten »Geheimvorräte« von Spirituosen an. Es ist erstaunlich, dass dieser »unantastbare Vorrat« nicht einmal bei den Feiern zum Ersten Mai aufgebraucht wurde, wo es doch den Männern so schwer fällt zu widerstehen!

Am 9. Mai begann dann der Auszug der Stadtbewohner in die Natur mit Taschen voller Schnitten und alkoholischer Getränke. Entweder in den Wald oder an den Fluss. Hier, auf dem ersten frischen Gras, dauerte das Vergnügen bis zum Abend. Überall gab es Feuerstellen und Kessel für Pelmeni und Tee. Ich schloss mich einer Gruppe von Frontkämpfern an, um mir für die Reportage die interessantesten Episoden aus den Erinnerungen dieser Männer aufzuschreiben. Mein Nachbar war ein älterer Herr in einem Soldatenmantel, der ihm inzwischen nicht mehr passte. So ist es eben, wenn ein stark abgemagerter Mensch einen Anzug aus seinen früheren Zeiten anzieht. Er war sehr bleich und in seiner ganzen gebückten, plumpen Gestalt lag eine beleidigende Ungepflegtheit.

»Trinken wir auf den Feiertag, und erinnern wir uns an die Regimentskameraden!« sagte einer der Anwesenden. Am improvisierten Tisch saßen mehr als zwanzig Männer und zwei Frauen. Auf meine Frage, in welcher Truppe diese Frauen gedient hatten, antwortete eine, dass sie Sanitäterin gewesen war, und die andere hatte im Bade- und Waschhaus gedient.

Dann gab es ein zweites Gläschen, dann ein drittes … Am Tisch kam Lärm auf, man stritt sich darüber, wer wo gekämpft hatte und in welchen Truppen der Kampf schwerer war. »Die Artillerie – das ist der Kriegsgott! Und Sie dienten nur in der Infanterie!« ereiferte sich jemand. Alle lärmten und stritten gleichzeitig und jemand rief schon mit lauter Stimme zur Ordnung.

Ich bemerkte, dass mein Nachbar überhaupt nichts trank, und sagte vergnügt, als ich mich ihm wieder zuwandte: »Ja, ein Nüchterner hat es unter den Betrunkenen nicht leicht.«

Er nahm das Gespräch auf und antwortete im Scherz: »Und wissen Sie, wie schwer es ein Betrunkener unter Nüchternen hat!«

Ich begann ihn zu fragen, in welchen Truppen er gekämpft hatte. Anfangs antwortete er wortkarg, dass er in der Kavallerie gedient hatte. Er war schwer verwundet worden. Ein Jahr lang kurierte er seine Verletzungen im Ural und heiratete eine sibirische Krankenschwester. Er wurde zum Invaliden. Sie zogen nach Sibirien. Er arbeitete in einer Fabrik. Nach einem Jahr starb die Frau. Er selbst ist jetzt auch krank, weshalb er nicht trinken darf … So kam ein Wort zum anderen und wir gerieten ins Reden. Doch das Gespräch, das wir dann am nächsten Tag fortsetzten, führte weit vom Thema des Großen Vaterländischen Krieges weg. Er war der erste Mensch in meinem Leben, der es gewagt hatte, mit mir über ein Thema zu sprechen, das immer tabu war – über die sogenannten Spitzel, die Zuträger, die für den KGB arbeiteten. Verrat und Denunziantentum galten als Zeichen von Heldentum, als Notwendigkeit für den Staat und hatten System. »Fließbandproduktion von Judassen« – so kann man das nennen, was wir in diesem seltsamen und schrecklichen Jahrhundert erdulden mussten. Die Sowjetmacht hat viele von uns zu Verrätern gemacht, zu Agenten des KGB, zu Spitzeln aller Größenordnungen. Dieser Druck auf das Leben »unter dem Deckel des KGB« erzeugte eine besondere Moral und Sittlichkeit. Jeder hatte ein Dossier. Wer nicht freiwillig andere bespitzeln wollte, den erschreckte und bedrohte man oder appellierte an seinen Patriotismus und sein Pflichtgefühl. Doch es gab auch solche, die es ablehnten, mit *denen* als geheime Denunzianten zusammenzuarbeiten, die von ihnen nicht gebrochen werden konnten.

Seit jener denkwürdigen Begegnung in Sibirien habe ich als Journalistin einige Interviews zu diesem Thema aufgezeichnet, doch bis jetzt konnte ich sie nicht publizieren. Zwei Interviews zu diesem Tabu-Thema führe ich jetzt an.

Damals, in Sibirien, erzählte mir der alte Frontkämpfer folgendes: »1942 arbeitete ich in einer Fabrik. Einmal brachte man Wolgadeutsche in unser Städtchen. Unter ihnen war ein alter Mann, mit dem ich mich schnell anfreundete. Ein prachtvoller, guter, ehrenwerter Mensch. Der einzige Sohn des Alten wurde wegen irgendwelcher ›Spionage‹ erschossen und die beiden Enkel schickte man in ein Lager, das nicht weit entfernt, im Nachbardorf, eingerichtet wurde. Doch dem Alten war es verboten, dorthin zu fahren. Oft saßen wir zusammen, tranken Mohrrübentee und sprachen über alles Mögliche. Er wusste viel und war ein sehr interessanter Gesprächspartner.

Einmal lud die Organisation mich vor: ›Sie verkehren mit einem Halbfaschisten. Dabei befinden sich ein Onkel und ein Bruder von Ihnen als Volksfeinde im Lager, doch wir haben Ihnen als einem Frontkämpfer vertraut. Von nun an werden Sie uns alle ihre Gespräche mit dem Deutschen wiedererzählen. Übrigens: unterschreiben Sie dieses Papier ...‹

So wurde ich aus Willensschwäche ein Spitzel, ein Denunziant. Ich erzählte die Gespräche wieder, doch alle drehten sie sich um die Kinder und um Erzählungen vom früheren Leben; das bedeutete, dass sie für die Organisation (so nannten wir den NKWD und später dann den KGB) überhaupt nicht interessant waren. Doch dann erhielt ich von meinen Schwiegereltern einen Brief, worin stand, dass sie erkrankt seien und dass ich sie besuchen müsse. Sie lebten in dem Dorf, wo sich das Lager befand, in dem die Enkel des alten Mannes saßen. Der alte Deutsche überredete mich, den Kindern im Lager ein kleines Päckchen zu überbringen. Ich nahm es, doch teilte ich das der Organisation mit. Das Päckchen öffnete man dort in meiner Gegenwart. Es enthielt Zwieback, Mohrrübentee, gestopfte, aber blitzsaubere Socken und eine Büchse Eingemachtes. Das war alles.

›Überlassen Sie uns das Eingemachte. Wir wollen Tee trinken‹, sagte einer von ihnen, ›wir organisieren alles sofort. Bleiben Sie bei uns?‹ wandte er sich mir zu. Ich stand da wie angenagelt, dann flehte ich: ›Öffnen Sie die Büchse nicht. Bitte, geben Sie sie zurück. Was wird der alte Mann von mir denken? Dass ich das Eingemachte gestohlen habe!‹ Doch zur Antwort lachten sie nur schallend: ›Hör auf damit!‹

So brachte ich das geplünderte Päckchen ins Lager, nachdem ich meine Schwiegereltern in jenem Dorf besucht hatte. Die Enkel des Deutschen konnte ich nicht sehen: Der Wachtposten nahm das Päckchen und klappte das Fensterchen zu.

Doch seit jener Zeit konnte ich den Alten nicht mehr sehen. Ich schämte mich. Und nach einem Monat hörte er von selbst auf, mich zu grüßen: Offenbar waren trotz allem Nachrichten aus dem Lager zu ihm gelangt, und der Alte war überzeugt, dass ich das Eingemachte gestohlen hatte …«

Der alte Frontsoldat erzählte diesen Vorfall mit Tränen in den Augen. »Sie sei verflucht, diese Organisation.« Und ich erinnerte mich an die Worte von B. N. Tschitscherin, einem Juristen und Publizisten aus dem vergangenen Jahrhundert, der mit Bitterkeit schrieb: »Wenn es etwas Grundlegendes gibt, das in der russischen Geschichte unterdrückt wurde, dann ist es das Recht. Deshalb ist es im Volk nicht verwurzelt.«

Das zeitlich letzte Interview zu diesem Thema habe ich erst unlängst aufgeschrieben (die Namen dieser Menschen führe ich nicht an, weil sie mich darum gebeten haben):

»Ich war Agent des KGB in den achtziger Jahren. Es gab weder einen Zwang noch Vorteile für mich. Man kann sagen, dass ich aus Überzeugung mit ihnen zusammenarbeitete. Und außerdem bereitete ich mich vor, Journalist zu werden, und durch die Auskundschaftung erhält man einen einmaligen Blick für alles und alle. Wodurch wurde meine Arbeit verändert? Bei uns, an der journalistischen Fakultät der Moskauer Staatsuniversität, waren überall, wo es nötig und nicht nötig war, Steckdosen angebracht. Das waren Spezialsteckdosen, in die man Abhörgeräte des einfachsten Typs einmontiert hatte – ein Mikrofon, ein Schreibgerät und eine Antenne. Meine Aufgabe bestand darin, dass ich möglichst in der Nähe dieser Steckdosen den Teilnehmern meines Kurses provozierende Fragen stellte, die den KGB interessierten. Manchmal brachte ich auch schriftliche Rechenschaftsberichte einem älteren Mitarbeiter des KGB, einem gewissen Petrowitsch, in das Zimmerchen im ersten Stock unter der Paradetreppe gegenüber der Unfallstation. Zwei Jungs aus unserer Fakultät wurden vom Studium ausgeschlossen. Einer las Solschenizyn und bot seine Bücher anderen Studenten aus dem Kurs an. Der andere hatte Kontakt mit Dissidenten. Ich war für ihren Ausschluss verantwortlich. Bereue ich das? Nein. Du bist erstaunt? Weißt du denn, dass die Methoden der Geheimdienste auf der ganzen Welt nicht unschuldig sein können und dass sie deshalb geheim sind? Mein Dienst, wie auch der Dienst der anderen Agenten der Staatssicherheit, kann nicht moralisch, sondern nur politisch beurteilt werden. Die Macht hat schon deshalb immer recht, weil sie die Macht ist.«

Es war schwer und schmerzlich, ihn anzuhören. Als ich seine Beichte aufschrieb, wollte ich irgend etwas von mir hinzufügen, einen Kommentar abgeben, doch dann dachte ich: wozu? Wie wurden doch die Menschen durch diese grausame Staatsmaschine entstellt!

Um 1991 wurden erstmals Archive des KGB geöffnet, und die Journalisten, denen man Einblick in die geheimen Berichte der Agenten gestattete, waren schrecklich enttäuscht. In den endlosen Rechenschaftsberichten dieser Spitzel gab es so viele kleine Verrätereien und Denunziationen. Stets der gleiche Unsinn: »… der da hat irgendwo das da gesagt, was da nicht in Ordnung war …«

Und wegen solcher Denunziationen nahm man die Menschen gefangen, deportierte sie und erklärte sie zu »Feinden des Volkes«. Einst führte die beginnende Verfinsterung dazu, dass die Nacht einbrach. Doch man muss auf die Morgendämmerung warten. Irgendwann wird sie auch kommen.

»Ich lebte in der geheimsten Stadt Russlands ...«

»Ich lebte in der geheimsten Stadt Russlands«, mit diesen Worten beginnt die Beichte der Margarita Hamm, die jetzt in Koblenz wohnt. – »Selbst der Name war geheimgehalten, und man nannte die Stadt einfach *Sorokowka* (d. h. ›die 40er‹). Die Einwohner waren direkt nach dem Krieg 1946 sehr sorgfältig durch den KGB ausgewählt worden. Das Ural-Gebirge und der Wald boten der Stadt einen guten Schutz vor der äußeren Welt und machten sie für einen Unbefugten unzugänglich. Gebaut wurde sie in den Nachkriegsjahren von den Insassen Stalinscher Lager.

Der erste Eindruck meiner Kindheit: die Baustelle gegenüber unserem Haus; und vom Balkon aus konnte man beobachten, wie zwischen den hohen Bretter- und Stacheldrahtzäunen, wo Soldaten mit MGs und Hunden vorbeigingen, die Bauleute in schwarzer Einheitskleidung arbeiteten. Einige von ihnen erschienen manchmal auch auf der anderen Seite des Zauns, meistens in der Mittagszeit, aber die Eltern verboten mir kategorisch, sie anzusprechen, und das war unverständlich, denn sie wirkten eher traurig als böse. Gegen Abend führten die Soldaten mit den MGs und den Hunden und diejenigen, die den ganzen Tag lang auf den Wachtürmen standen, die Arbeiter in einer Kolonne durch die Stadt – irgendwohin. Später wurden sie in großen geschlossenen Wagen abtransportiert, in die winzige vergitterte Fenster unter dem Dach eingelassen waren.

Der neue Begriff ›radioaktive Explosion‹ sagte einem rein gar nichts; das, was er hätte bedeuten können, war schlichtweg nicht vorhanden, vom Winde verweht – wovon insbesondere die Erwachsenen profitierten. Trauermusik, die einige Jahre lang oft im Umkreis unseres Hofes zu hören war, und die vielen toten Vögel, die wir fanden, wurden mit diesem Begriff nicht in Verbindung gebracht. Die Musik hassten wir. Die Vögel bestatteten wir direkt auf dem Hof. Wir begruben sie in Kalk – der befand sich in einer großen Eisenkiste jenseits des Zauns des hier entstehenden Kindergartens. Dabei wurde das gesamte dazugehörige Zeremoniell inszeniert: die Ansprache, das Beweinen, die Blumen.

Es war eine besondere Stadt. Die Menschen, die hier arbeiteten, hatten alles: Wohnungen, Autos, Geld. Diese Atmosphäre des Wohlstands in Sorokowka sollte sich jedoch Mitte der siebziger Jahre rasch auflösen. Die Ursache dafür, anfangs noch vage, zeigte sich schon bald als Schatten unter den Augen, ließ die Gesichtshaut erdfarben erscheinen und brachte den ehemaligen Glanz der Stadt zum Erlöschen. Dieser Schatten lag über den Warteschlangen zu den Klinikärzten und machte sich in der Notwendigkeit bemerkbar, einen zweiten Friedhof in der Stadt einzurichten.

Dabei prahlte die Stadt immer noch mit ihrer Exklusivität. Die neuen Einwohner, die kamen, um diejenigen abzulösen, die bereits auf dem Friedhof lagen, gaben vor ihren ehemaligen Landsleuten damit an, zur ›ersten Versorgungsgruppe‹ zu gehören, und es sei für sie ein Leichtes, eine Wohnung und andere Güter zu bekommen. Sie ahnten noch nichts von den Schattenseiten der Stadt.

Dabei war der Schatten selbst bei festlichen Mahlzeiten immer häufiger anwesend: ›Hätten wir nicht getrunken, wir wären längst versunken‹. Die ›allgemeine Erkrankung‹, unter der man die allgemeine Undefinierbarkeit der Symptome und der Heilmethoden verstand, war dennoch recht gut definiert in den geheimen Analysen der Biophysiker und der Mediziner der Stadt, die seit der Explosion entsprechende Forschungen unternommen hatten. Die Krankheit mit einer raffinierten Bezeichnung äußerte sich in einer rasch einsetzenden Müdigkeit, einer erhöhten Reizbarkeit, einem geschwächten Immunsystem, Gelenkschmerzen, Blutgefäßschwäche, Ekzemen, Migräne und oft auch noch weiteren Komplikationen. Für die Wissenschaftler war es kein Geheimnis, dass die ›allgemeine Erkrankung‹ durch die langjährige Strahlenbelastung in kleinen Mengen und die innere Strahlung der Radionukleonen, die sich in den Knochen, der Leber und der Schilddrüse angesammelt hatten, ausgelöst wurde.

Für die Wissenschaftler war das nichts Neues, aber für alle anderen war das, so wie vieles andere, ein echtes Geheimnis.

In Sorokowka wurde Waffenplutonium hergestellt, dort befanden sich außerdem hochgefährliche industrielle Wasserreservoire und Mülldeponien.

Die radioaktive Verseuchung des Grundwassers über weite Strecken hin lässt sich verheimlichen, ebenso die Strahlungswerte im Stadtzentrum, die die Werte in Tschernobyl übersteigen, aber eins ließ sich nicht verbergen – die Größe der städtischen Friedhöfe, auf denen nach vierzig Jahren die ursprüngliche Stadtbevölkerung gleichsam viermal begraben lag.

Die Stadt der hellen Zukunft verlor jegliche Zukunft, ihr unerschütterlicher Glaube an die Möglichkeit einer vernünftigen Lebensorganisation erlosch. Und die Tragik der Situation konnte nur noch durch einen sittlichen und intellektuellen Verfall der Menschen gesteigert werden.

Diese Gefahr ist für das gesamte Leben auf dem Planeten nicht zu unterschätzen.

Von den zahlreichen Schicksalen der Menschen aus meiner Stadt Sorokowka, die an mir vorbeigezogen sind, möchte ich von dem eines jungen Arbeiters berichten, mit dem ich befreundet war.

... Sergej saß auf dem Rasen, nicht weit entfernt vom Empfangsraum, seine Hände lagen kraftlos auf den Knien, der Kopf hing schlaff nach unten. Er hatte einen schrecklichen Schwächeanfall. Unmittelbar nach seiner Schicht war er mit einem Kollegen hierhergekommen, in die Klinik.

Die Schicht war ganz normal verlaufen, die Arbeit ihm wohlvertraut, alltäglich. Sergej war der jüngste Schlosser, dabei war er eigentlich nur relativ jung, denn diese Arbeit konnte nur ab einem gewissen Alter ausgeführt werden. Am Ende der Schicht musste er zusammen mit einem Kollegen die Räume noch einmal inspizieren und überprüfen, ob alle Hähne zu waren. Der Raum, in dem es dann geschah, gehörte nicht zu den ›dreckigsten‹. Es war einfach ein Korridor mit unzähligen Rohrleitungen. Als Sergej einen Hahn kontrollierte, zischte dieser auf einmal, und eine ganze Wolke des ›Produkts‹ ergoss sich über ihn. Sergej schloss den Hahn schnell wieder und begab sich sofort in den Sanitätsraum. Die Spezialkleidung ließ er im ›dreckigen‹ Teil. Er erzählte dem Meister von dem, was geschehen war, als dieser gerade in sein Zimmer gehen wollte. Der Meister blieb stehen, sah ihn sorgenvoll an und sagte dem Kollegen einige Worte.

Während der Busfahrt spielten die Schlosser gewöhnlich Karten. Bis zur Stadt waren es zwölf Kilometer, und mit jedem Kilometer verschlechterte sich Sergejs Zustand. Auf dem Hauptplatz stiegen er und der Kollege in einen andern Bus um, der sie dann zum Krankenhaus brachte. Die Klinik der Filiale des Moskauer Biophysikinstituts, die sich in einem modernen dreistöckigen Gebäude befand, war diejenige Abteilung der Filiale, die sich speziell mit den Arbeitern des Kombinats befasste.

Die Krankenschwester im Empfangsraum war mehr als verwirrt, sie wich zurück und stotterte: ›Wir haben leider kein Zimmer für Sie frei …‹

›Ruf sofort die Ärzte!‹ brüllte Sergejs Kollege sie an.

Sergej saß auf dem Rasen, Tränen rollten aus seinen Augen und durch die Übelkeit drang nur ein Gedanke nach außen: ›Warum nur, warum?‹ Er war zur Gruppe der Reparateure übergewechselt, weil das Gehalt so verlockend war, dazu kamen der Sechsstundentag und der zweifache Urlaub. Natürlich wusste er über die Gefahren Bescheid, und der Ingenieur, der für die Sicherheit am Arbeitsplatz zuständig war, instruierte ihn jeden Monat. Aber letztendlich musste man auf Gott oder den Teufel oder was auch immer vertrauen. Es ist schwer zu sagen, was ausschlaggebend war – die Hoffnung auf fortwährendes Glück oder die Liebe zum Geld.

Die neidischen Bewohner von Sorokowka vermuteten selbstverständlich letzteres. Die Bevölkerung der benachbarten alten Ural-Städtchen witterten in der ›Zone‹ wahre Goldgruben und nannten die Einwohner der ›verbotenen Stadt‹ ›Schokoladenmännchen‹, weil diese in den ersten Jahren des Kombinats viel Schokolade mit nach Hause nehmen durften. Man glaubte, dass Schokolade die schwindenden Kräfte der Verstrahlten wieder herstelle. Aber es stellte sich heraus, dass dieses Mittel, wie im übrigen auch Kognak, den Zustand der mit Korpuskeln angereicherten Leber nur noch verschlimmerte. Aber keine Argumente erschütterten indes die unter den Leuten weit verbreitete Meinung: ›Würden wir unser an Erythrozyten so armes Blut nicht etwas aufwärmen, wir wären längst hinüber‹, wobei sie entweder nach oben oder nach unten zeigten, was im Grunde genommen das Gleiche bedeutete. Ach, diese flotten Siebziger, die

Breschnew-Zeit! Aber auch die Chruschtschow-Ära: Jeder Schüler wusste, was 2,87 Rubel kostete … Allerdings nicht vor der Arbeit trinken – das war ein eisernes Gesetz, strenger als beim Militär. Nach dem Verlassen der sanitären Inspektion musste man einen kristallklaren Kopf haben. Die Jungs hatten Grips und Fingerfertigkeit; das, was sie so manches Mal herstellten und woraus es gefertigt war, hätte so manchen in Staunen versetzt, aber nichts wurde nach draußen getragen: Sie wussten nur zu gut, dass es sich nicht lohnte, die Dinge weiterzuerzählen.

Zu Beginn des Atomzeitalters wurde Plutonium für die erste Atombombe noch beinahe mit bloßen Händen heraufgeholt. Natürlich wusste man damals wenig, und hinzu kam noch diese Eile: Schließlich hatte das Ganze auch eine große politische Bedeutung. Das alles führte schließlich zu einem großen Unheil: Die Abfälle wurden zunächst in das Flüsschen Tetscha gekippt, von dort gelangten sie über die Ural-Flüsse bis zum sibirischen Ob und weiter ins Eismeer und verseuchten auf ihrem langen Weg alles Leben. Später wurde für die Abfälle eine besondere Deponie angelegt, die seit ihrer Explosion im Jahre 1957 berüchtigt war. Noch später benutzte man für dieselben Zwecke einen unweit gelegenen See, den sogenannten ›heißen See‹, den man – um sein Überlaufen zu verhindern – künstlich verdampfen ließ, indem man sein Wasser erwärmte. Im Winter hingen über dem See dichte Dunstwolken, im Sommer bauten die Vögel dort ihre Nester, und es hieß, es gäbe dort sehr viele Fische. Der ›heiße See‹ trug in Wirklichkeit den Namen Karatschaj und war nicht das einzige verschmutzte Gewässer: Dort, wo die Explosion stattgefunden hatte, standen um die Seen noch jahrzehntelang nackte Baumskelette. Oft wurden diese Seen bewacht – meistens von irgendwelchen Rentnern, die sich nichts mehr aus Genmutationen und zwanzig oder dreißig Jahre später auftretenden bösartigen Geschwülsten machten. Von den Pionieren schaffte es kaum einer über diese Zwanzig-Dreißig-

Jahre-Frist, und der Spottname ›Schokoladenmännchen‹ überlebte sie: So lebendig ist in den Menschen die Sünde Kains.

Ein Arzt oder vielmehr die Ärzte kamen recht schnell. Sie untersuchten Sergej flüchtig und gingen. Dann wurde er in einen isolierten Raum gebracht und einige Tage später mit einem besonderen Flugzeug nach Moskau, in die Klinik Nr. 6. Für immer.

Was geschieht heute mit den geheimen beziehungsweise geheimgehaltenen Städten, in denen gefährliche Waffen hergestellt werden? Sind es weniger oder mehr geworden?

Laut einer Aussage, die Wladimir Putin im Februar 2000 gemacht hat, wird Russland in diesem Jahr die militärischen Kosten um 50 Prozent erhöhen. Putin behauptet, das hänge nicht nur mit dem Krieg in Tschetschenien zusammen, sondern mit dem Gesamtzustand der Armee und der Rüstungsindustrie in Russland. ›Die Armee braucht eine bessere Finanzierung und Ausrüstung. Die Krise der Rüstungsindustrie führte zur Schwächung der Verteidigungsfähigkeit des Staates und wirkte sich äußerst negativ im sozialen Bereich aus‹, verkündete der amtierende Präsident von Russland. Demnach wird ein neues Rüstungsbudget aufgestellt, so dass mehr Mittel in die Produktion von Hightech-Waffen des traditionellen Typs fließen.

Der stellvertretende Premierminister Ilja Klebanow äußerte dagegen die Meinung, dass die Ausgaben für die Verteidigung und die Entwicklung neuer Waffentechnologien sogar auf 80 Prozent anwachsen könnten (›Kontakt‹, 14.–27. Februar 2000, Nr. 4, Seite 1). Das heißt es wird noch mehr von den geheimen Städten geben.«

* * *

Ich bat einen Bekannten, einen Mikrobiologen, der mehrere Jahre lang in den geheimen Militärlabors gearbeitet hatte, mir den Bericht von Margarita Hamm zu kommentieren. Das, was er mir sagte, erschütterte mich:

»Weißt du, was eine selektive biologische Waffe ist? Wir errechneten das ›genetische Profil‹ des Menschen. Und es stellte sich heraus, dass es Unterschiede im rezeptorischen Feld bei Angehörigen verschiedener Rassen gibt. Einfacher ausgedrückt, alle unsere Reaktionen sind in unseren Genen kodiert, begreifst du? Bei Chinesen, Europäern, Schwarzen, Indianern sind die Unterschiede so groß, dass beispielsweise von ein und demselben Gift ein Weißer sterben, während ein Schwarzer dagegen weiterleben würde. Und schon bald stellte sich heraus, dass die türkischen und die mit ihnen verwandten Ethnien in dieser Hinsicht besonders anfällig sind. Als bekannt wurde, dass die Herstellung von ›ethnischen‹ Waffen, die nur bestimmte Rassen vernichten, bloß eine Frage der Zeit ist, verlangte die Weltöffentlichkeit, alle weiteren Forschungen in dieser Richtung, die von Wissenschaftlern in der ganzen Welt im Programm ›Genom des Menschen‹ unternommen wurden, zu stoppen und zu verbieten. Aber es war offenbar schon zu spät. Die Wissenschaftler verfügten bereits über Informationen, die zur Herstellung einer neuen Generation von Waffen herangezogen werden konnten.

Aber bei uns in Russland existieren keine biologischen Waffen. Ebenso wie auch in anderen Ländern. Woher weiß ich das so genau? – Das ist einfach nicht möglich. Eine Eigenschaft dieser Sorte von Waffen besteht nämlich darin, dass sie sehr aufwendig in ihrer Lagerung und nicht länger als vier Stunden haltbar sind; daher werden sie bei plötzlichem Bedarf unmittelbar ›vor Gebrauch‹ hergestellt. Solch eine Bombe lässt sich nicht einfach in einen Kühlschrank legen …

Im Gebiet, wo Margarita Hamm lebte, wurden tatsächlich solche biologischen Bomben hergestellt. Es gab nur vier Arten davon, sie dienten dem Militär für Ausbildungszwecke. Aber es waren noch keine biologischen Waffen mit selektiver Wirkung. Dennoch erinnere ich mich an ein Ereignis vor zwanzig Jahren: Im Jahr 1979 brach unweit von der geheimen Stadt, wo Margarita Hamm lebte und wo sich eine der drei Filialen der mikrobiologischen Rüstungsindustrie befand, plötzlich eine merkwürdige und schreckliche Epidemie der ›sibirischen Geschwüre‹ mit häufiger Todesfolge aus. Nur wir wussten was geschehen war. Aber vor zwei Jahren trat der Vorsitzende der russischen ›Gesellschaft für chemische Sicherheit‹ mit einer sensationellen Enthüllung an die Öffentlichkeit und sagte die Wahrheit über jenen weit zurückliegenden Fall: Es handelte sich um die Wirkungen einer strenggeheimen Bombe, die durch Unachtsamkeit der Soldaten explodiert war. Die Viren dieser Bombe trafen nur Männer im wehrpflichtigen Alter, das heißt die Siebzehn- bis Fünfzigjährigen.

Und heute? – Um 1992 gab der russische Präsident zu, in Russland existiere ein biologisches Angriffsprogramm. Daraufhin wurden die Fünfzehnte Abteilung des Verteidigungsministeriums aufgelöst und alle Labors geschlossen. Glaub mir, das ist wirklich geschehen. Die Amerikaner kamen, um das zu überprüfen: Es stimmte. Aber interessant ist Folgendes: Als wir, eine Gruppe von Wissenschaftlern, die

Amerikaner mit demselben Ziel besuchen wollten, haben sie das nicht zugelassen: Wir wollten die amerikanischen Basen überprüfen, die sich in Thailand befinden. Die gefährlichsten und geheimsten Labors wurden nämlich in die Länder der Dritten Welt verlagert.

Du fragst warum? Es ist für niemanden ein Geheimnis, dass im 21. Jahrhundert dasjenige Land am mächtigsten sein wird, das über die fortschrittlichste Gen-Technologie verfügt. Und du fragst dich noch, wer heutzutage so furchtbare Waffen herstellen will. Aber dieses Thema war, ist und bleibt tabu.«

Turkmenischstunde

Ich wurde am 8. September 1947 in Turkmenien geboren. An den Tagen davor hatte »der Afghane«, ein schrecklicher Sandsturm, pausenlos über die Wüste gefegt. Er trieb ganze Wellen von Sandkörnchen durch die Kara-kum, als wollte er unsere kleine Oase – die Siedlung Dargan-Ata – zuwehen. »Halte noch aus, Maria, halte noch ein bisschen aus«, redete mein Vater auf meine Mutter ein, als er mich holte. Gegen Morgen wurde es plötzlich still, und vom Fluss Amu-Darja wehte ein kühler Wind. In dieser Morgenstunde, so erzählte mir meine Mutter später, wurde ich geboren.

Meine Mutter, die von der Krim stammt, war nach Abschluss ihres Studiums an der Pharmazeutischen Hochschule in Jalta einem Aufruf des Komsomol, des kommunistischen Jugendverbandes, gefolgt und gleich nach dem Krieg nach Dargan-Ata gezogen. Mein Vater – Wassili Iwanowitsch Kuschtewski – hatte den ganzen Krieg über als Arzt in einem Militärhospital an der vordersten Front Dienst getan und war ebenfalls nach dem Krieg nach Turkmenien gegangen. Meine Eltern waren das einzige junge russische Paar in unserem Ort. Meine Mutter sollte die erste Apotheke eröffnen, mein Vater die Leitung des kleinen Krankenhauses übernehmen.

Zehn Jahre habe ich in Turkmenien gelebt. Zu meiner Kindheit gehören Wanderdünen – Sandwellen, die bis zu 50 Meter hoch werden und bei der großen Hitze durch die Reibung der Sandkörnchen einen anhaltenden ungewöhnlichen Ton erzeugen. Meine ersten Freunde waren turkmenische Kinder. Sie wuschen sich nie, genauso wie die Erwachsenen, waren aber immer sauber: Die weite Kleidung gab Wind und Sand die Möglichkeit, über den Körper zu streifen und den Dreck »abzuwischen«. Meine Freunde konnten schon mit acht

Jahren in der Wüste nach dem Stand der Sonne und der Sterne den Weg finden, einen Sandsturm überstehen und versteckte Brunnen entdecken.

Viele Russen konnten sich nicht in der Wüste einleben, viele fuhren gleich wieder weg, kaum dass sie angekommen waren, viele starben.

Der Mensch besteht zu 70 % aus Wasser. Wenn er den ganzen Tag bei 50 Grad Hitze in der Wüste verbringt, verliert er zwölf Liter Wasser. Wenn er da nicht mindestens vier Liter Wasser mitgenommen hat, bekommt er einen Fieberanfall. Das ist das Ende. Sich in der Wüste zu verlaufen, eine Fata Morgana für Realität zu halten, das bedeutet für einen Europäer den sicheren Tod. Aber für die Turkmenen ist die Wüste das Zuhause, sie leben in völliger Harmonie mit der Natur und kennen sich gut aus. Wir Kinder liefen bei 50 Grad Hitze mehrere Kilometer durch den Sand zur nächsten Siedlung und fanden immer den Weg zurück, ohne uns zu verlaufen. Meine Kindheit, das ist staubiger Sand in Mund, Nase, Augen, auf dem Fladenbrot, in der Wolle friedlich weidender Schafe; das sind winzige trockene Bäumchen, sogenannte *Saksaule*, und staubige Dornengewächse. Das sind die wunderschönen Kamele, bedeckt mit alten Wattedecken, die zwei Löcher für die Höcker haben. Langsam und bedächtig wenden sie mir ihre Mäuler, ihr altes arabisches Profil zu, die riesigen Augen, eingerahmt von dichten Wimpern: »Was machst du denn hier, du weißhäutiges Wesen?«

Ich bestaune ihre langen schlanken Hälse und mir fällt plötzlich auf, dass ihre höckrigen Rücken die einzigen Hügel am weiten, trostlosen Horizont der öden Wüste sind, die nicht immer gelb ist, sondern meist lehmfarben oder von schmutzigem Braun oder Grün. Außer dem Sand gibt es, weiter zum Amu-Darja hin, den *Takyr*, zu dem wir immer zum Spielen gehen. Ein Takyr ist eine lehmige, glatte, endlose Oberfläche mit tiefen quadratischen Rissen, die die Sonne hineingebrannt hat. Schlangen lieben diesen Ort.

Ich weiß noch, wie uns die Erzieherin im kleinen Kindergarten fragte: »Wen habt ihr lieber, Mama oder Stalin?«

Und wie wir alle wie aus einem Munde schrien: »Stalin!«

Am Abend ließ ich dann meiner Mutter keine Ruhe: »Mama, sag mal, kennt Stalin mich?«

Meine Mutter lachte und schüttelte den Kopf. Das konnte ich nicht begreifen. Wie ist denn das möglich, ich kenne Stalin, und er mich nicht!

1953 starb Stalin. Ich erinnere mich daran im Zusammenhang mit einer erfreulichen Begebenheit. Nach Stalins Tod nämlich durften wir zum Neujahrsfest zu Hause eine Tanne aufstellen. Stalin mochte das Neujahrsfest nicht. Und genauso wie er hielt das ganze Land die Neujahrstanne für ein überholtes kleinbürgerliches, ja sogar für ein schreckliches bourgeoises Überbleibsel. Eine Tanne zu Hause aufzustellen, war einfach zu gefährlich. Man konnte dafür sogar ins Gefängnis kommen. Nikita Chruschtschow hat die Neujahrstanne »rehabilitiert«, er wollte damit vor der ganzen Welt seine demokratische Gesinnung demonstrieren. Gleich im ersten Jahr nach Stalins Tod wurde im Kreml eine riesige Tanne geschmückt, und außerdem wurden zum ersten Mal Kinder in den Kreml eingeladen, in die »Zitadelle der Macht«, in den Georgssaal. Seit dieser Zeit steht im Kreml die »Haupttanne« des Landes. Und für uns, die Kinder der Sowjetunion, war es der größte Traum, einmal zum Neujahrsfest in den Kreml eingeladen zu werden.

Meine erste Neujahrstanne in Turkmenien im Jahr 1953 war aus Papier. Mein Vater hatte sie so meisterhaft angefertigt, so schön (es hingen sogar kleine Spielsachen daran), dass ich sie nie vergessen werde. Das war eine Freude! Wenn ich mich an dieses Ereignis erinnere, sagt mir mein Gedächtnis: »Wann bekam ich meine erste Neujahrstanne? Ach ja, gleich nach Stalins Tod!«

Was ist mir noch aus meiner Kindheit im Gedächtnis geblieben?

Die Üppigkeit des orientalischen Basars mit den wunderschönen Silberkrügen, den *Kalians*, das sind Wasserpfeifen, und den Mützen mit dem langen, dicken Fell. Weiße Turbane, bestickte Mäntel, orientalische Schönheiten – Turkmeninnen mit großen schwarzen Augen, schweren, klimpernden Silberohrringen, Armreifen und dem ovalen Brustschmuck. Ich kann mich an die Kopfbedeckungen der älteren Frauen erinnern, die aus fünf Tüchern und einem schneeweißen Stoffquadrat geschlungen wurden, an die Stiefel aus weichem Leder mit schmaler Spitze. Ich erinnere mich an die Verkäufer der silbernen Glöckchen, die melancholisch an den Hälsen der Kamele erklangen. Ich erinnere mich an den melodischen Gesang des Muezzin, der vom Minarett der Moschee herüberklang, und an die alten

Männer mit den weißen Bärten und den riesigen schwarzen Mützen aus Schafsfell, die sie zu jeder Jahreszeit trugen.

Mein Vater arbeitete im Krankenhaus, er behandelte Turkmenen. An den Sonntagen ging er hin und wieder mit den Hunden Wildschweine jagen, die in den *Tugais*, dem dichten Gestrüpp am Ufer des Amu-Darja, lebten.

Ich wusste, dass das Wildschwein die Eigenschaft besitzt, einem direkt in die Augen zu schauen. Wenn du es allein triffst, dann sieht es dir mit seinem schweren, finsteren Blick von unten in die Augen, als wolle es etwas ergründen. Zur Jagdzeit stellte mein Vater außerdem Fallen für Füchse und Schakale auf. Die Schakale schleppten die Fallen sogar in die Wüste, aber die Hunde spürten sie dennoch jedesmal auf. Nach vierzig Kilometern Fußmarsch kam der Vater am Abend mit den Hunden nach Hause zurück.

Ich erinnere mich noch gut an den Hunger während der Nachkriegsjahre.

Das Foto, auf dem unsere Lehrerin neben uns barfüßigen Kindern steht, ruft mir eine ganz bestimmte Unterrichtsstunde ins Gedächtnis zurück: die Turkmenischstunde, die die junge Russin gab.

Ich sitze in der Bank, und unter meinem Tisch liegt die Leinentasche mit dem Fladenbrot, das mir meine Mutter mitgegeben hat. Ich überlege: »Na, ein kleines Häppchen kann ich mir ja abbrechen, ein klitzekleines ... Nein, lieber nicht, ich habe schon zwei Stückchen gegessen ... Aber wenn ich nur noch ein winziges Krümchen ...«

Von dem Geruch des Fladenbrots wird mir ganz schwindelig und ich kann mich nicht auf die Aufgaben konzentrieren, die uns die junge Lehrerin erklärt. Als der Zaubergeruch unerträglich wird, bücke ich mich unter die Bank und breche ein kleines Stückchen ab. Aber es löst sich sofort in meinem Mund auf. Da bücke ich mich noch einmal.

»Kuschtewskaja, was suchst du unter der Bank?« höre ich die erboste Lehrerin mit müder Stimme fragen. »Wiederhole, was ich eben erklärt habe! Vor der ganzen Klasse!«

Ich stehe auf und beginne leise auf Turkmenisch zu zählen: »Byr, iki, utsch, dort, bjasch ...«

»Genug! Hinsetzen und nicht rumzappeln!«

Die Lehrerin dreht sich um, schreibt mit der Kreide etwas an die Tafel und sinkt mit einem Mal zu Boden. Eine Hungerohnmacht.

Im Hof des Lehmhauses, der Schule, stehen zwei ineinander gewachsene Bäume an einem unterirdischen Brunnen. Ich atme den Geruch des Wassers und des *Aryks*, des Bewässerungskanals, in dem sich junge Schlangen tummeln. Ein alter Mann in einem *Chalat* und mit einer *Tjubetejka* auf dem Kopf bewirtet uns hungrige Kinder mit heißem Fladenbrot, das direkt aus dem runden Ofen, dem *Tandyr*, kommt.

Als Kind fühlt und begreift man die Ewigkeit besser. Du siehst in der Ewigkeit keinen abstrakten Begriff, sondern glaubst in deiner kindlichen Unbefangenheit, dass das Schicksal dir geheime Zeichen gibt. Und dass das Schicksal tausend Möglichkeiten hat.

Die Jahre vergehen, aber meine asiatische Kindheit werde ich immer im Gedächtnis bewahren. Ich habe gelernt, den gemächlichen Rhythmus der *Muallakat* zu verstehen wie auch die Poesie des genialen turkmenischen Dichters Machtumquly, der im 18. Jahrhundert lebte. Ihr gemächlicher, bezaubernder Rhythmus kommt von dem schaukelnden Gang der Kamele. Es heißt, dass dieser Biorhythmus, der das Leben des gesamten Orients bestimmt, der Poesie Mittelasiens (Turkmenien, Usbekistan) eine beschwörende Kraft verleiht. Wie die griechische Poesie der Antike vom Rhythmus der Brandung bestimmt ist, so richtet sich die turkmenische nach dem Rhythmus der Wanderdünen und dem friedlichen Gang der graziösen weißen Kamele.

O Zeit, du bist ein breiter Strom.
Wie Sand fließt du durch meine Hand,
Von nirgends kommst du,
Ins Nirgends gehst du.
Jahrtausend, tausend Jahre lang,
O Freund, vergänglich sind die Dinge.
Die Zeit aber, sie hält dich fest
Und nimmt dich in das Nirgends mit.
Und lässt dich nicht aus ihrem Ringe.

Noch einmal bin ich meiner Kindheit begegnet. Das war Ende der achtziger Jahre in der Mongolei, in der Wüste Gobi, während des Rituals *Churlich*. Das ist ein einzigartiges mongolisches Ritual, bei dem das Leben eines verwaisten jungen Kamels gerettet wird, dessen Mutter aus irgendeinem Grund bei der Geburt umgekommen ist. Das Kleine müsste eigentlich an Hunger sterben, denn kein anderes Muttertier aus der Herde ist bereit, ein fremdes Kind zu säugen, und beißt es weg. Da wird ein sauberes Filzstück ausgebreitet und Musikanten werden geholt. Man führt eine junge, kräftige, säugende

Kamelmutter aus der Herde auf das Filzstück, auf dem die Musikanten sitzen, und sie beginnen für die Kamelmutter zu spielen. Eine Sängerin mit weit auseinanderstehenden mongolischen Augen singt langgezogen etwas Zärtliches, Trauriges. Man könnte meinen, die öde, Hunderte Kilometer weite Wüste höre diesem musikalischen Gebet von einmaliger Schönheit zu. Dieses Mal war es eine weiße Kamelstute, wie ich sie aus meiner Kindheit kannte, sie lauschte, und plötzlich flossen Tränen aus ihren Augen. Ich war völlig verblüfft. Die Musik hatte die Kamelstute zum Weinen gebracht! In diesem Moment wurde ihr das verwaiste kleine Kamelkind untergeschoben, die Stute stieß es nicht weg, sondern säugte es. »Jetzt wird sie es immer säugen, wie ihr eigenes Kind«, sagte ein Mongole zu mir. Ich saß da und rührte mich nicht, denn alles, die Wüste, die vergessenen Gerüche, der heiße Wind, die weiße Kamelstute, erinnerte mich an meine Kindheit in Dargan-Ata.

Als ich zehn war, siedelten meine Eltern in die Ukraine um, in die Heimat meines Vaters, in eine kleine Bergarbeitersiedlung, die auf allen Karten aus der Vorkriegszeit »New York« hieß. (Mein Vater besitzt sogar noch ein Abschlusszeugnis der Mittelschule von New York.) Später wurde die Siedlung in Nowgorodsk, das heißt auf Deutsch »Neustadt«, umbenannt. Dort feierten meine Eltern vor wenigen Jahren ihre Goldene Hochzeit.

Ich erinnere mich, dass eine der ersten Stunden in der dortigen Schule Ukrainisch war. Aber das ist bereits das Thema einer neuen Erzählung.

Mein Vater bekommt bis auf den heutigen Tag Briefe aus Dargan-Ata von einer russischen Familie, die immer noch dort lebt. Hier ein Auszug aus einem der Briefe:

»Ganz Turkmenien ist mit Porträts und Sprüchen des Turkmen-Baschi, des turkmenischen Staatspräsidenten, übersät. Das ist Feudalismus, wie er im Buche steht!« – »Sie wollen uns aus Turkmenien vertreiben. Erniedrigung und Schmerz ...« – »die Feindschaft der Turkmenen den Russen gegenüber wächst von Tag zu Tag« – »einerseits schrecklicher nationalistischer Taumel mit den Losungen: Die Turkmenen wollen so leben, wie ihre Vorfahren gelebt haben! Und andererseits sagen sie: Wie gut wir doch zu sowjetischen Zeiten gelebt haben! Ein Meter Kattun hat 53 Kopeken gekostet, ein Fladenbrot 10 Kopeken« – »auf Schritt und Tritt werden wir als Kolonialherren beschimpft. ›Kolonialherren, haut ab‹, heißt es. Wir haben soviel Gutes für die Turkmenen getan, und sie ...«

Wenn ich zurückschaue, sehe ich, wieviel Gutes mein Vater tatsächlich in Dargan-Ata geleistet hat. Wieviele Menschen hat er geheilt, wieviele vor dem Tod gerettet. Aber die heutigen turkmenischen Nationalisten nennen solche Menschen wie ihn »Kolonialherren«.

»Wollen Sie etwa die russische Kolonialpolitik rechtfertigen?« fragte mich einmal ein turkmenischer Bekannter, als ich den Expansionskurs in der Kolonialpolitik historisch zu erklären versuchte, als alle europäischen Länder den Weg der Kolonisierung gingen, auch Russland. Auf mittelasiatischem Gebiet drang Russland bis zu den Einflussgrenzen Großbritanniens vor. Die schwachen Regime der Chans und Emire standen ohnehin kurz vor dem Zusammenbruch. Wären nicht die Russen gekommen, dann hätten andere das Land erobert.

Was haben die Russen für eine Sünde begangen, dass die Feindseligkeit der Turkmenen von Tag zu Tag wächst? Erstens haben sie den Einheimischen den kommunistischen Lebensstil aufgezwängt. Zweitens: »Wir haben nie vergessen, dass die Russen einen anderen Glauben, dass sie eine andere Religion haben, sie sind uns fremd.« So erklärten es mir die Turkmenen.

Zur Verteidigung Russlands will ich nur sagen, dass es anfangs seine Beziehungen zu den unterworfenen Völkern auf humaner

Grundlage aufgebaut und sich bemüht hat, die Verhältnisse zum Wohl Turkmeniens neu zu gestalten. Aber es konnte nicht umhin, solch ein feines Gewebe wie die turkmenische Lebensordnung zu zerstören. Rudyard Kipling hatte recht, als er sagte: »Westen ist Westen, und Osten ist Osten«.

Russland hat, als es das »Licht des Fortschritts« in den Osten bringen wollte, auch viele Laster dorthin gebracht, beispielsweise den Alkoholismus. Betrachtet man es von einer anderen Seite, so neigen große Völker immer zu irrationalem Denken: Die Russen verließen ihre eigenen unendlichen Weiten und gingen in fremde Wüsten, um dort Ordnung zu schaffen.

Heute verlieren in Turkmenien viele Russen ihre Arbeit (allerdings nicht in den Fabriken, weil es nicht genug turkmenische Spezialisten und Arbeiter gibt), ständig droht man ihnen: »Haut ab!«

Das Pendel der Russophobie schlägt immer weiter aus.

Nach dem Zerfall der UdSSR sind 25 Millionen Russen zu Ausländern geworden, die im sogenannten nahen Ausland wohnen, ehemaligen Sowjetrepubliken. Etwa 5 Millionen sind nach Russland zurückgekehrt. Aber sie sind sehr arm. Sie haben keine Wohnung, keine Arbeit, kein Geld, keine Unterstützung.

Immer wieder muss ich an die bitteren Worte des russischen Historikers Kljutschewski denken, der einmal gesagt hat, dass die Mächtigen in Russland sich nie um ihr eigenes Volk gekümmert haben.

Das Märchenhaus von Mütterchen Taissa

Am Internationalen Frauentag, am 8. März, der in Russland immer ausgiebig gefeiert wird, zählte der damalige Präsident Boris Jelzin in seiner Rede an die Bevölkerung 1997 sieben hervorragende Frauen der russischen Geschichte auf: die Fürstin Olga, Katharina die Große, die Fürstin Daschkowa, Sonja Kowalewskaja, Anna Pawlowa, Marina Zwetajewa und Anna Achmatowa. Wenn ich etwas zu sagen hätte, würde ich zu diesen Namen unbedingt noch den von Mütterchen Taissa Dijewa aus dem Dorf Schebenga hinzufügen. Denn solche Frauen wie Taissa tragen das russische Dorfleben. Doch sie wurde – stellvertretend für das ländliche Russland – von allen verraten und vergessen.

Das, was den einen sentimental erscheint, ist für die anderen das Wertvollste im Leben. So ist es auch mit diesen Fotos, die ich im Dorf Schebenga, Gebiet Wologda, aufgenommen habe.

Mein Dokumentarfilm über Taissa Dijewa heißt »Das Märchen von Tarnoga« (Filmstudio »Ekran«). Er erzählt die folgende Geschichte:

Im Haus von Mütterchen Taissa lagen überall wunderschöne Stickereien und Spitzen, bestickte Handtücher und Tischdecken, handgewebte Läufer und Teppiche. Wie niemand sonst im kleinen Dorf Schebenga, das in der Nähe des Städtchens Tarnoga liegt, kann Mütterchen Taissa mit ihren Mustern ganze Szenen, Märchen und Legenden »erzählen«. Die schöne, poetische Welt dieser Künstlerin. Als ich die Muster genau betrachtete, spürte ich immer deutlicher, dass die Kunst von Mütterchen Taissa unsere eigene Welt beschreibt, in der uns Verlust und Trauer erwarten, aber auch Liebe und Freude.

Stundenlang konnte ich mir die Stickereien und Spitzen anschauen.

Von Anfang an hatte ich die Vorstellung, dass mein Film eine Erzählung werden müsste. Nichts einfacher als das, sollte man meinen. Vor der Kamera eine alte Frau, am Fenster sitzend … Vielleicht stickt oder näht sie etwas. Und sie erzählt von ihrem Leben. In der geräumigen Hütte ist es dämmrig und warm. Eine Kuckucksuhr schlägt jede Stunde und ruft »kuckuck!«. Wir hören der Erzählung der Alten zu, die gleichermaßen traurig und lustig ist.

»Ljuli, Ljuli, Ljulenki, flogen Gänse übers Dorf, setzten sich in den Garten und fingen an zu tratschen: ein Wunder, ein Wunder! Die Gänse spielen auf der Gusli, die Enten auf der Hirtenpfeife, die Raben krächzen. Heiz ein, spritz Wasser auf den Stein – jetzt leben wir! Den Gürtel aufgemacht! Wer keine Stimme hat, der singt ganz leise. Der Kranich stolziert durch den Sumpf, die Mücken steigen auf wie eine Wolke. Aber das ist noch nicht das Märchen, das ist erst die Einleitung, das Wunder kommt noch …«

Aber das Wunder kam nicht, es kam alles ganz anders. Aus Zensurgründen konnten wir die Erzählung von Mütterchen Taissa nicht aufnehmen, denn sie erzählte nicht nur ihre berühmten Märchen, Gedichte und Scherzreime, sondern auch traurige, sehr traurige

Begebenheiten aus ihrem Leben. Das ließ die Fernsehdirektion damals (1986) aufhorchen und wir bekamen kein grünes Licht für Mütterchen Taissas Stimme. Der Film wurde gut, die Teppiche mit den ungewöhnlichen Farben blühten auf der kleinen Wiese vorm Haus. Das zarte Grün bei Sonnenaufgang, das matte Licht des Sonnenuntergangs, das Schillern des Taus. Die Teppiche von Mütterchen Taissa leuchteten wie ein fröhlicher Regenbogen. Echte Vögel flogen auf und die Märchenvögel auf den bestickten Handtüchern sangen. Aber Taissa Dijewa selbst wurde in den Hintergrund geschoben. Das erste Mal geht sie durch die Hütte, in der viele Kinder sitzen, um ihren Märchen zu lauschen. Das zweite Mal erscheint sie ganz am Schluss, als sie die Mädchen beschenkt, die zu ihr zum Unterricht kommen, um von ihr zu lernen, wie man so schöne Muster stickt.

»Die Sonne geht unter, sie geht zur Ruh. Der Samowar steht auf dem Tisch und singt und brummt und ruft den Zucker … Auf ein schönes Wiedersehen, wie's bei uns heißt, auf ein baldiges Wiedersehen!«

Bis heute höre ich ihre singende Stimme, die im Film leider schweigen musste. Ich blättere meine Notizbücher mit ihren Märchen, Scherzen und Erzählungen über ihre Jugend vor dem Krieg und ihre Liebe durch und mir ist, als streiche ein unruhiger Wind über ganz empfindsame Saiten. Trauer über das Nichtverwirklichte erfüllt mich …

Was alles ist nicht in den Film eingegangen? Was hat sich in den Jahren geändert? Wie lebt Mütterchen Taissa heute?

Heutzutage ist es viel schwieriger, in das Dorf Schebenga zu gelangen. Im dortigen Bezirk, ja auf dem gesamten Land, fahren keine Linienbusse mehr. Heutzutage wandert man wie in alten Zeiten zu Fuß mit dem Sack auf dem Rücken. Nicht einmal mehr einen Kranken kann man mit dem Auto ins Krankenhaus schaffen, denn es gibt kein Benzin. Die Frauen bringen ihre Kinder zu Hause zur Welt. Wie früher gibt es wieder Dorfhebammen, die die Frauen entbinden und das Kind im Brunnen waschen, in reinem Wasser. Die Dorfbewohner teilen ihr Leben in »gute Zeiten« und »schlechte Zeiten« ein. Zu den »schlechten Zeiten« gehören die dreißiger Jahre, als die Bauern während der Kollektivierung gewaltsam in die Kolchose getrieben wurden. Die sechziger und siebziger Jahre dagegen waren »gute Zeiten«. Die Bauern konnten sich neue Häuser bauen, auf vielen Höfen standen Motorräder, manchmal sogar Autos. Jeder hatte einen Fernsehapparat. Die neunziger Jahre wiederum bezeichnen sie als »schlechte Zeiten«. Die Kolchose verkam. Die Chefs eigneten sich selbst die besten Maschinen an und überließen den einfachen Kolchosebauern nur die defekten und schrottreifen Geräte. Die Privatisierung ist nach Meinung der Dorfbewohner ein einziger Betrug. Selbst wenn die Ernte sehr gut ist und der Milchertrag sehr hoch, gibt es keinen Käufer, der die Erzeugnisse abnimmt. Die jungen Leute ziehen weg, die Alten sitzen vor der Mattscheibe und schauen sich begeistert die endlosen mexikanischen Fernsehserien an. Leidenschaftlich diskutieren sie vor ihren Häusern das Schicksal von Maria und Antonio.

Ab neun Uhr abends herrscht im Dorf Totenstille. Nur der Kuckuck ruft im benachbarten Wald. Und in Schebenga zählen sie mit, wie lange sie noch zu leben haben. Der Kuckuck ruft und ruft und prophezeit den Leuten von Schebenga viele, viele Jahre.

Ich erinnere mich, was mir Mütterchen Taissa zum Abschied alles mitgegeben hat. »Ich gebe dir Milch mit auf den Weg. Solche süße und schmackhafte Milch findest du nirgends mehr. Unsere Kühe weiden auf den saftigsten Wiesen! Vergangenen Sommer hatten wir eine schreckliche Dürre, da haben die Kühe im Wald geweidet. Dort im Dickicht wächst auch saftiges Gras. Und Brot gebe ich dir mit auf den Weg. Es ist noch warm und duftet. Am besten schmeckt es mit süßer Milch. Da kann man nicht mehr anhalten und muss den ganzen Laib auf einmal aufessen!«

Zum Abschied sagte sie mir: »Vertrau ruhig darauf, dass alles einen tieferen Sinn hat. Nichts geht spurlos vorüber. Leid macht uns scharfsinniger und größer. Da bleibt uns nichts anderes übrig; unser Leben hat sich so gefügt, dass wir jetzt Armut durchmachen. Aber glaub mir: Reichtum durchzumachen, das ist noch viel schwerer. Wenn Gott will, halten wir alles aus.«

Einladung zur Hochzeit

Folgende Geschichte passierte in Jakutien, in der kleinen Stadt Lensk am Fluss Lena. Als meine Reisegefährtin, eine ältere Frau, erfuhr, dass ich vom Film war, stand für sie fest: ein Drehbuchautor ist ein Gott. Während wir auf einem verrosteten und verrotteten Schleppdampfer namens »Der Verwegene« die Lena hinunterfuhren, schaffte sie es, drei Bitten an mich zu richten. Falls sich die Gelegenheit ergäbe, sollte ich mir mal die Akten zu dem Gerichtsverfahren ansehen, das für ihren Neffen so traurig endete: »Immer hat er Pech im Leben. Wenn er trinkt, ist er laut, schreit rum, schwingt die Fäuste. Aber wenn was Ernstes passiert, da hilft er sofort, ohne mit der Wimper zu zucken. So eine gute Seele, und niemals kommt ein böses oder grobes Wort über seine Lippen ...«

Die zweite Bitte war: Ich sollte einen Artikel über die Wohnungsverteilung schreiben, »damit denjenigen, die Böses tun, die Schamröte ins Gesicht steigt. Aber vielleicht wäre sogar ein guter, einfühlsamer Film besser, denn durch Güte kann man sogar aus einem Baum einen Menschen machen ...« Die dritte Bitte kam völlig unerwartet. Die Alte reichte mir einen abgegriffenen Brief: »Den hat mir meine Enkelin geschickt. Ein junges, dummes Ding. Ist einfach losgefahren und will Weberin werden ... Schreiben Sie ihr bitte und verwenden Sie solche Worte, dass ihr das Herz blutet ... Ihre Mutter leidet, und ich kann nachts ebenfalls nicht schlafen ...«

So trat Kamyschin in mein Leben, eine kleine alte Stadt an der Wolga, in der im Textilkombinat 12 000 Weberinnen arbeiten. Die Mädchen kommen aus den umliegenden Dörfern hierher, angeworben durch ein Vermittlungsbüro. Ihre Siebensachen sind in Köfferchen verstaut. Das Kombinat ist mit modernster Technik ausgestattet. Es gibt ein wunderbares Wohnheim. Die »Kamyschiner Mädchen«, das Ensemble des Kombinats, waren schon ein paarmal in Paris. Viele treiben Sport. Einen Bräutigam zu finden, ist kein Problem: In der Stadt wurden speziell einige Werke gebaut, in denen vor allem Männer arbeiten. Jeden Sonntag findet mindestens eine Hochzeit statt. Außerdem haben die Weberinnen eigene Sanatorien und prophylaktische Kliniken, ihre eigene Kantinen, Kindergärten und Kinderkrippen, eigene Lehrwerkstätten, Wohnhäuser ... Mit einem Wort, die Lebens- und Arbeitsbedingungen sind sehr gut, und auf den ersten Blick haben die Mädchen von Kamyschin keine Probleme.

Aber auf den zweiten Blick erwies sich alles als weitaus komplizierter.

»Ich gehe weg!« – Zum erstenmal habe ich diese Worte im Personalbüro gehört, gesprochen von jungen Arbeiterinnen in den verschiedensten Tonlagen: mit weinender Stimme, gleichgültig, manchmal auch aufsässig, wobei am Ende oftmals die Tür mit einem lauten Knall zugeschlagen wurde.

»Ich gehe weg! Ich gehe weg! Ich gehe weg!«

Fluktuation. Dieses Wort hängt wie ein Damoklesschwert über vielen Fabriken, in Kamyschin aber hat sie kosmische Dimensionen erreicht. Der Dokumentarfilm »Einladung zur Hochzeit« (Regie I. Shukowskaja, Kamera L. Sokolnikow, ZSDF) war von Anfang an als Dialog zwischen der jungen und der älteren Generation gedacht – ein Gespräch über das Glück und die Suche nach dem Inhalt des Lebens.

Warum also wollen die Mädchen aus Kamyschin weg?

»Höchste Zeit, sein Privatleben einzurichten. Meine Arbeit liebe ich, stimmt. Ich bin etwas über zwanzig. Habe ein eigenes Zimmer, stimmt. Aber ich bin einsam. Was soll ich tun?« sagt eine der Heldinnen auf der Hochzeit der Freundin.

Ich muss bekennen, dass mich solch eine Wendung des Gesprächs anfangs verwunderte. In Kamyschin gibt es genauso viele Jungen wie Mädchen. Da kann es doch kein Problem sein, einen passenden Mann zu finden. Meine Gesprächspartnerin aber sagte mir, es sei doch schwer: Sie stellen hohe Anforderungen an ihre Auserwählten. Sie wollen keine, die infantil oder schmalspurig sind oder primitive Hobbys haben. Sondern selbständige Jungs, gutherzig, klug, interessant und mit guten Manieren …

Aber die Jungs in Kamyschin sind ganz normale Männer. Nicht besser und nicht schlechter als die in jeder anderen Stadt. Doch wiederum nur auf den ersten Blick. Dann kommt das große »Aber«. Das Anspruchsniveau ist bei ihnen ganz offensichtlich niedriger als bei den Mädchen.

»Was wollt ihr nur immer mit eurem: ›Männer, Männer‹«, seufzte eine alte, verdiente Weberin. »Ich bin seit dem Krieg allein. Und fühle mich nicht unglücklich. Glück – das ist die geliebte Arbeit …« So begann ein kompliziertes, offenes Gespräch über die Probleme, die den Frauen auf den Nägeln brannten. Zur Heldin des Films wurde die junge Weberin Natascha Kirillowa gekürt, Studentin im vierten Studienjahr an der Philosophischen Fakultät der Universität von Saratow, die in ihrer Freizeit fotografiert, Sport treibt, in der Weltgeschichte herumreist (sie war schon in Prag, Berlin, Bratislawa) und Gedichte liest (ihr Lieblingsdichter ist Boris Pasternak). Natascha strickt, näht, kocht ausgezeichnet (sie ist seit ihrer Kindheit Vollwaise). Ein herzlicher, anständiger Mensch. Und sympathisch obendrein. Aber sie ist nur mit Mädchen befreundet. Natascha habe ich auf einer Hochzeit kennengelernt. Dort kamen wir ins Gespräch.

Diese Hochzeit sollte das zentrale Ereignis des Films werden. Die beste Freundin Nataschas, Galja Scharygina, heiratete. Als wir wieder in Moskau waren und der Film fast fertig geschnitten war, erhielten wir ein Telegramm:

»Ich lade Euch zu meiner Hochzeit ein! Eure Natascha Kirillowa!«

So endet der Film ganz unerwartet mit den neuen Hochzeitsfotos von Natascha und dem Lehrer Shenja Iwanow aus Kamyschin.

Auf dem Foto sehen Sie eine der Weberinnen aus Kamyschin, derentwegen ich dorthin gereist bin. Sie ist ebenfalls im Film zu sehen.

Die Geschichte eines Tuches

»Ein Drehbuchautor muss sich dauernd etwas ausdenken, etwas mit seinem Leben anstellen. Mal in einem Nomadenzelt leben, mal in einem wunderschönen alten Haus, mal mit einem Segelflugzeug fliegen, mal auf einem Pferd reiten ...«, sagte uns unser alter Professor an der Filmhochschule.

Vielleicht war die interessanteste Idee zum »Drehbuch des eigenen Lebens« meine Tochter Jana, Moskauerin, talentierte Malerin, die in Jakutien bei minus 50 Grad geboren wurde. Sie schickt mir Fotos all ihrer Bilder nach Deutschland. Das abgebildete »Selbstporträt« ist ein Frühwerk.

Auf diesem Bild hat meine Tochter ein Tuch um, das Lieblingstuch unserer Familie, denn Großmutter Anna hatte es schon getragen.

Dieses Tuch, so erzählte sie, war ein lang ersehntes Geschenk. Nach altem russischen Brauch muss der Kopf einer Frau immer bedeckt sein. Ein Tuch war ein Symbol der weiblichen Ehre. Es gab keine größere Schande für eine Frau im alten Russland, als die, das Tuch vom Kopf gerissen zu bekommen.

In Russland erfand man eine besondere Methode zur Verknüpfung der Fäden, die es ermöglichte, doppellagige Tücher herzustellen, die sowohl auf der rechten wie auf der linken Seite das gleiche Muster hatten.

Großmutter Annas Tuch ist etwas ganz besonderes. Es ist ein Pawlowsker Tuch. So nennt man Tücher, die ein bestimmtes Muster aus Pawlowskij Posad haben, einer kleinen Stadt bei Moskau, in der 1863 das erste Tuch mit diesem typisch russischen Dekor hergestellt wurde.

Ich betrachte das Tuch und denke: Was könnte es nicht alles erzählen! An wie viele Geschichten aus dem Leben der Großmutter kann es sich wohl erinnern! Wie viele Tränen hat Großmutter Anna in das Tuch geweint! Sie hatte es 1915 von ihrem Mann als Hochzeitsgeschenk bekommen. Später bekam sie noch oft solche Tücher: von ihrem Mann, den Schwiegereltern, Mutter und Vater, den Brüdern – beispielsweise zur Geburt ihres ersten Kindes. Aber dieses große war ihr Lieblingstuch. Sie trug es nur an Feiertagen. Ganz selten legte sie es um. Denn es gab nicht viele Feiertage in ihrem Leben, das überschattet war von Revolutionen, Kriegen und Hunger. Sie war es, die mir von der großen Hungersnot in der Ukraine erzählte, an die man sich nicht erinnern durfte.

Das war in den dreißiger Jahren. Die Bauern wurden gewaltsam in die Kolchosen getrieben. Wer sich weigerte, wurde grausam bestraft. Die Ukraine widersetzte sich der Kollektivierung hartnäckiger als andere Länder. Und so beschloss man, sie mit Hunger zu bestrafen.

Soldaten der Sondereinheiten bewachten Lagerhallen und Getreidespeicher, die voll Korn waren, während nebenan die Menschen verhungerten. Großmutters Bruder wollte seine Kinder vor dem Hungertod retten und fuhr mit anderen Unglücklichen auf dem Dach eines Güterzugs in den Nachbarkreis, um etwas Essbares aufzutreiben. Abends kehrten sie wieder zurück, hungrig, durchgefroren, mit leeren Händen. Die Soldaten der Sondereinheiten warteten bereits auf sie. Entlang der Bahngleise standen sie mit Eisenstangen und stießen die Menschen bei voller Fahrt von den Dächern. Hunderte Kilometer entlang der Bahnlinie lagen Leichen …

Diese kleine Erzählung meiner alten Großmutter über die Hungersnot in der Ukraine in den dreißiger Jahren sagt mehr über die Unmenschlichkeit des totalitären Systems aus als viele dicke Bücher zu diesem Thema.

Ich liebe das »Selbstporträt« meiner Tochter. Immer wieder muss ich an Großmutters Tuch denken, das so bunt, so fröhlich, so warm und gleichzeitig so zärtlich ist und zum Nachdenken anregt – traurig und fröhlich zugleich. Mehr als zwanzig Blumen zieren es! Welche neuen Trends in Russland auch aufkommen werden, das Pawlowsker Tuch wird niemals aus der Mode kommen!

Mönche

»Mama, was sind das für schwarzen Leute?« fragte mich meine kleine Tochter im Hof des Danilowskij Klosters in Moskau, als sie die Mönche sah.

Vor der Revolution gab es in Moskau 60 Klöster, aber 1923 wurden alle bis aufs letzte liquidiert. Ein großer Teil der Mönche kam ins Konzentrationslager, die, die überlebten, wurden 1936 auf besonderen Befehl Stalins erschossen. Die einstigen Klöster wurden zu Wohnheimen, Gefängnissen und Büros des NKWD, des Nationalkomitees für Innere Angelegenheiten, zu Fabriken und Pferdeställen. In den Räumen des Sretenskij Klosters beispielsweise befand sich eine medizinische Ausnüchterungsanstalt und auf dem Gelände des Danilowskij Klosters ein Gefängnis für minderjährige Verbrecher.

Heute gibt es in Moskau neun Klöster – fünf Männerklöster und vier Frauenklöster. In den fünf Männerklöstern leben mehrere Hundert Mönche – 20 bis 70 pro Kloster (zum Vergleich: im Troize-Sergijew-Kloster bei Moskau, ehemals Sagorsk, wo sich die Residenz des Patriarchen befindet, leben mehr als 200 Mönche). Das mittlere Alter der Mönche beträgt 30 bis 35 Jahre, viele haben höhere Schulbildung. Im Danilowskij Kloster beispielsweise gibt es einen ehemaligen Oberstleutnant, einen Doktor der Physik und Mathematik, einen ehemaligen Betriebsdirektor und einen ehemaligen berühmten Spitzensportler. Den Sportler erkannte ich auf Anhieb: Andrej Sagorskij.

Andrej Sagorskij heißt jetzt Abt Ambrosius. Er erzählte mir: »Die Sinnlosigkeit der Jagd nach Medaillen, Geld und Ruhm haben mich zu Boden gedrückt. Der Sport hat meine Seele aufgefressen. Anfangs habe ich mich dem Yoga zugewandt, weil ich die Wahrheit finden wollte. Dann beschloss ich, für einige Zeit ins Kloster zu gehen, um Ruhe zu finden, in mich zu kehren und mein seelisches Gleichgewicht wiederzufinden. Mir wäre nicht im Traum eingefallen, Mönch zu werden. Ich wollte ja noch eine Familie gründen und als Trainer arbeiten. Aber das Mönchtum ist jetzt der Hauptinhalt meines Lebens.«

1985, als Andrej Sagorskij Abt Ambrosius im Danilowskij Kloster wurde, ist dieses Foto entstanden.

»Was ist am schwersten zu überwinden, Vater Ambrosius?« frage ich ihn. Er antwortet leise: »Der Stolz, der Wunsch, erster zu sein.«

Journalisten werden nur sehr ungern und selten ins Kloster gelassen, aber ich kenne mich ganz gut im Klosterleben aus, denn ich war des öfteren mit dem Fotografen des Verlags des Moskauer Patriarchats, Iwan Sirota, dort. Mein Aufsatz über ihn »Tausend Jahre und ein Augenblick«, der in dem im Moskauer Verlag »Planeta« erschienenen Bildband »Foto – 89« abgedruckt ist, war der erste Text über moderne religiöse Fotografie, der nach der Perestroika veröffentlicht werden durfte.

Womit hat mich das Kloster beeindruckt?

Die Ordnung in den russischen Klöstern ist noch dieselbe wie zu Andrej Rubljows Zeiten. Um 5.30 Uhr läutet die kleine Messingglocke. Von 6.00 bis 6.30 Uhr wird das Bittgebet – *Moleben* – (in den Männerklöstern) oder das Morgengebet (in den Frauenklöstern) abgehalten, was etwa eine Stunde dauert. Darauf folgt ein drei- bis vierstündiger Gottesdienst. Der abendliche Gottesdienst dauert für gewöhnlich von 17 bis 20 Uhr. Mahlzeiten gibt es zweimal am Tag in unseren Klöstern: um 13 Uhr und um 20 Uhr. Während der Fastenzeit ist das Essen sehr spärlich. Im Nikolskij Kloster ist in der ersten Fastenwoche sogar das Teetrinken streng verboten. Die russischen Mönche und Nonnen »sterben für das alte Leben und bereiten sich auf das neue vor«. Und beten für alle. Genauso wie einst der Mönch Andrej Rubljow malen auch heute die talentierten Ikonenmaler ihre Ikonen.

Ich gehe sehr gern mit meiner Tochter an den Mauern des Andronnikow Klosters entlang spazieren, in das der geniale Ikonenmaler Andrej Rubljow vor seinem Tod zurückkehrte, um die Wände zu bemalen. In diesem Kloster starb er am 29. Januar 1430, hier liegt er auch begraben. Als Meisterwerk der russischen Kunst wird zu Recht die »Dreifaltigkeit« von Rubljow bezeichnet. Rubljow hat das Bild nach byzantinischem Kanon gemalt, aber das hat in keiner Weise seine Individualität eingeschränkt. Ich laufe gern an den Mauern dieses Klosters entlang (dort befindet sich jetzt das Rubljow-Museum), sitze gern an seiner Südseite und denke nach. Zum Beispiel über das Thema der Kreuzigung in der französischen und spanischen Malerei. Christus verblutet, man sieht, wie das Fleisch leidet. Das gleiche Thema wurde in der russischen Ikonenmalerei ganz anders behandelt. Auf der Ikone sieht man lediglich die Idee Christi. Christus, der die ganze Welt umfasst. Es gibt keine Physiologie, keinen Naturalismus. Oder Georg der Schlangentöter? In der westlichen Kunst sitzt er für gewöhnlich auf einem kräftigen Pferd, sticht mit seiner Lanze auf ein Tier ein, das einem Krokodil ähnlich sieht. In der russischen Ikonenmalerei, so zum Beispiel auch bei Andrej Rubljow, ist Georg ein unschuldiger Knabe ohne kriegerischen Gesichtsausdruck, der den Wurm tötet, fast ohne ihn zu berühren, denn er tötet ihn mit dem reinen Geist. In der gesamten Komposition liegt so viel Ruhe, Licht und Ausgeglichenheit …

Ich möchte damit nicht sagen, dass die russische Kunst etwas Besonderes ist, aber sie ist mir sehr nahe.

Meine Tochter und ich haben noch einen anderen Lieblingsplatz in Moskau. Das ist das Museum in Kolomenskoje, die Christi-Himmelfahrts-Kirche.

Die Geschichte von Kolomenskoje reicht bis ins tiefste Mittelalter zurück. Hier wurde Zar Peter der Erste geboren, und hier verbrachte er seine Kindheit. Das älteste Gebäude ist die Christi-Himmelfahrts-Kirche, sie wurde 1532 erbaut. Sie ist eine der ältesten pyramidenförmigen Kirchen in Russland. Ihre Geschichte ist geheimnisumwoben.

Zar Wassili III., genannt der Finstere, hatte eine Frau, die er sehr liebte und mit der er zwanzig Jahre zusammenlebte. Aber sie bekamen keine Kinder, und so beugte sich der Zar dem Willen der Bojaren (»Ein Erbe wird dringend gebraucht«), ließ seine Frau kahlscheren und schickte sie ins Kloster. Dann heiratete er ein weiteres

Mal. Er ließ diese Kirche zu Ehren des lang ersehnten Erstgeborenen, Iwans, erbauen, der aus der neuen Ehe hervorging.

Zar Iwan IV., genannt der Schreckliche, der am 25. August 1530 zur Welt kam, ist nicht nur als grausamer Herrscher und Mann mit schroffer und unbändiger Lebensweise in Erinnerung geblieben. Unter seiner Herrschaft, der Herrschaft des ersten gesamtrussischen Monarchen, konnte Russland sein Territorium ausdehnen und festigen; außerdem versuchte Iwan IV., einige Elemente des Rechtsstaates einzuführen.

Als diese Kirche erbaut wurde, war der zukünftige Zar allerdings erst zwei Jahre alt. Sein Vater ließ die ungewöhnliche Pyramidenkirche ausschließlich für die Familie errichten – für sich, die junge Zarin und den Thronfolger. Aber die Kirche, die von außen wunderschön aussah, war innen kalt und leer. Die Geistlichen weigerten sich lange Zeit, dort Gottesdienste abzuhalten. Etwas Unerklärliches, Böses, Schweres trieb sie wieder aus der Kirche heraus, so sagten sie. Aber äußerlich ist sie eine der schönsten Kirchen Moskaus.

Und was das Verwunderlichste ist: Die ehemalige Frau des Zaren, die kahlgeschoren und ins Kloster nach Susdal geschickt worden war, gebar bald darauf ein Kind. Aber mit diesem Kind sind viele Rätsel verknüpft, denn im Grab in Susdal, in dem angeblich ihr bei der Geburt gestorbenes Kind begraben liegt, fand man nur eine Puppe in Zarenkleidern. Diese Entdeckung wurde erst vor kurzem bei Ausgrabungen gemacht. Wie konnte das geschehen? Vielleicht wollte die ehemalige Zarin ihrem Kind das Leben retten, hat es heimlich fremden Leuten gegeben und stattdessen eine Puppe ins Grab gelegt. Oder sie hat die Geburt des Kindes nur vorgetäuscht, um sich am Zaren für die Erniedrigung und die Qualen zu rächen …

Wenn Sie nach Susdal kommen, wird Ihnen dieses rätselhafte Grab gezeigt.

Ich sehe mir Dutzende meiner Moskauer Fotos an – von Plätzen, Denkmälern, Brücken, Kirchen und Mönchen. Ein besonderer Platz gebührt dem Foto mit meiner Lieblingskirche, der Kirche in Kolomenskoje. Aber das ist bereits eine andere Geschichte …

Ein Brief aus Bijsk

Es gibt in der Altai-Region am Fluss Bija die Stadt Bijsk mit über zweihunderttausend Einwohnern, die schon 1709 gegründet wurde. Dort lebte mein Bekannter Viktor Dobroljubow, ein Liebhaber der Fotografie, der mit besonderer Begeisterung die Landschaften des Altai, die Schönheit des Tschuiskij-Trakts fotografierte. Jedes Jahr an Silvester schickte er mir einen Foto-Gruß und dazu ein paar Aufnahmen von der schönen Natur des Altai. Hier ist ein interessanter Auszug aus einem seiner Briefe:

»Ich liebe es, die Bäume des Altai aufzunehmen. Und ich liebe vor allem alte Bäume. Bei einem jungen Baum kann man den Charakter noch nicht erkennen, doch je älter er wird, desto mehr tritt seine Individualität hervor. Das schwere Leben eines Baumes – der Kampf mit dem Wind, die Blitzeinschläge, das Alter, die Krankheiten, die Knorren, die Axtspuren, die Stürme, all das zu fotografieren, ist so interessant! Ich habe das Foto ›Der letzte Winter‹ gemacht – darauf ist ein sterbender Baum, der fast auf den Knien liegt, zu sehen.

Eine Woche später wurde er gefällt. Ich hatte ihn jahrelang beobachtet. Und als er starb, machte ich so viel durch wie nach dem Tod eines Menschen.«

Doch einmal, am Vorabend des Jahres 1992, legte er dem Gruß und den Fotos einen Ausschnitt aus der Lokalzeitung »Altai-Prawda« bei, und an dessen Rand hatte er geschrieben: »Sie fragen danach, wie wir leben? Da ist eine Notiz aus unserer ›Altai-Zeitung‹ vom Oktober 1991, die Ihnen mehr erzählt als meine langen Briefe zu diesem Thema ...« Als ich diese Notiz gelesen hatte, bat ich Viktor sofort in einem Brief, den Helden dieser Notiz, »den Menschen aus der Kiste für Fertigteile«, ausfindig zu machen und ihn für mein Album zu fotografieren. Viktor fand ihn in der Maschinenfabrik von Bijsk. Und er schrieb mir in einem Brief, dass der Skandal um diesen Aufsatz erst dann in vollem Ernst entbrannte, nachdem die Zeitungen der Hauptstadt diese Information nachgedruckt hatten. Da ist nun die Notiz aus der »Altai-Prawda«, die mich so betroffen gemacht hat, und das Foto des Helden dieser Geschichte. Die Notiz trägt den Titel »Der Mensch aus der Kiste für Fertigteile« und jedes Wort darin ist wahr: »Frühmorgens machte die Kommission, die sich in der Fabrik aufhielt, ihren Routinerundgang durch die Abteilungen. Einer der Beamten, der sich von der Hauptgruppe abgesondert hatte, blickte in die Kiste für die Fertigteile. Seine Neugier hätte ihm beinahe einen Infarkt eingebracht: Als er den Deckel aufklappte, entdeckte er statt der vermuteten Eisenteile Beine, die aus der Finsternis ragten und in groben Arbeitsstiefeln steckten.«

Später stellte sich heraus, dass diese Stiefel einem Arbeiter der Abteilung gehörten, dessen Spitzname Kotowskij war (da er wie der gleichnamige Held des russischen Bürgerkrieges kahlköpfig war). Er lebte und lebt tatsächlich in der Fabrik. In der Kiste für Fertigteile. Und nicht nur ein bis zwei Monate – nein, schon über 15 Jahre.

Gewiss, nach dem erwähnten Vorfall mit der Kommission bekam er augenblicklich eine Wohnung. Er lebte in ihr gerade mal eine Woche. Doch schon diese kurze Zeit erschien ihm wie ein Alptraum: Man musste die Wohnung pflegen, einkaufen, Essen machen, abwaschen, morgens im überfüllten Bus zur Arbeit fahren und abends nach Hause zurückkehren. Und dann, wohin sich in der Freizeit begeben? Kurz – er kehrte wieder zurück.

Kotowskij war eine einfachere Lebensweise gewöhnt: Lärm setzt ein, das heißt: Die Schicht beginnt bald, es ist Zeit zum Aufstehen. Denken Sie nicht, dass er ein Nichtstuer oder Tagedieb ist. Er ist ein hochqualifizierter Arbeiter, ein Dreher, der alles auf seinem Fachgebiet beherrscht.

Als bescheidener Junge aus dem Dorf – wie noch vor kurzem die Zeitungen schrieben – fuhr er in die Stadt Bijsk. In der Gemeinschaftswohnung des Betriebs wimmelt es von Leben: die einen kommen, die anderen gehen, einer spielt dröhnende Musik, ein anderer trinkt, noch ein anderer macht Liebe. Der zukünftige Kotowskij fand keinen Platz in dieser Umgebung. Irgendwann blieb er über Nacht in der Abteilung. Und ihm gefiel es: Still war es, ruhig, keine Hast, kein Schimpfen. Und vor allem – man musste nirgendwohin hetzen. Das einzige, was es in seinem Leben gab, die Arbeit, war gleich nebenan. Und wenn er Langeweile oder Trauer verspürte, ging er zur Werkbank und verfertigte irgendeine Kleinigkeit. Und siehe, die Seele hellte sich auf.

»Ich lebe gut ...«

Das Jahr 1998. Auf der Autostraße Krasnodar-Noworossijsk – dem Wegweiser nach, der uns zum Schnepfenhof führt. Es ist ein schreckliches Bild: Berge verrostender technischer Geräte: Mähdrescher, Traktoren, Dreschmaschinen. Das ist alles, was von der einst berühmten Mitschurin-Kolchose übriggeblieben ist. Der Hof fast ausgestorben. Nur zwei Baracken sind geblieben, wo ein paar Familien in Armut leben.

Doch nun kommt etwas Erstaunliches: Buchstäblich nur ein paar Kilometer vom Schnepfenhof entfernt liegt ein anderer Hof – der Schreierhof. Und da zeigt sich ein ganz anderes Bild: Feste Häuser, Gemüsegärten, kleine Kinder laufen herum, ringsum ist alles sauber. Die älteste Bewohnerin des Hofs ist eine Achtzigjährige namens Kosinez; als wir sie kennenlernten, erstaunte sie uns damit, dass sie sich über gar nichts beschwerte: »Ich lebe gut. Unser Hof hat mit keiner von euren Perestroikas und Reformen etwas am Hut! Ich ernte Obst und Weintrauben und verkaufe das alles auf dem Markt. Und was nicht da ist, kann man auch nicht kaufen. Das ist gesund. Doch die Gesundheit ist Sache Gottes, und nicht die der Ärzte ...«

Beim Abschied fragt sie mich plötzlich: »Und womit beschäftigst du dich, Töchterchen?« Ich antworte ausweichend: »Ich schreibe ein Buch.«

»Bücher? Die sind doch alle geschrieben!« wundert sie sich.

Jetzt bin ich an der Reihe mit dem Staunen: »Von wem geschrieben?«

Die alte Frau lächelt: »Lies das ›Leben der Heiligen‹«.

Damit trennen wir uns. Und beim Abschied fotografiere ich ihre Enkelin.

Die Literatur der Ostukraine war meine liebste Schullektüre

Die Literatur der östlichen Ukraine ist eng verbunden mit der gesamten ukrainischen Literatur, die auf eine mehr als tausendjährige Geschichte zurück blicken kann. Bekanntermaßen stammen die ältesten ukrainischen Schriften und die Literatur der Kiewer Rus von den Annalenschreibern. Die Chroniken waren auch die Grundlage für »Die Sage vom Feldzug Igors« – ein Meisterwerk der Literaturkunst des 12. Jahrhunderts. Ich erinnere mich gut, wie stolz wir, Schüler einer kleinen Dorfschule inmitten der Donezker Steppe, waren, dass sich im Prinzip fast alle Ereignisse der herrlichen Sage auf unserem Boden, in unserer Heimat zugetragen hatten. Einmal fuhren wir zu »Besuch zur Fürstin Jaroslawna« in die Stadt Putiwl im Gebiet Sumi. Dort sind die Reste eines Walls und die Grundmauern eines Gotteshauses erhalten, von dem aus sich im Jahre 1185 Fürst Igor zu seinem Feldzug gegen die Polowzen aufmachte. Hier vergoss Fürstin Jaroslawna bittere Tränen (die bekannten »Tränen Jaroslawnas« aus den Chroniken, die man an allen ukrainischen Schulen auswendig lernte), während sie auf ihren in Gefangenschaft der Polowzen befindlichen Ehemann wartete. Heute findet sich auf dem Hügel ein Park und erhebt sich ein Denkmal für die liebende Fürstin.

Für das Entstehen und die Entwicklung der ostukrainischen Literatur spielte auch das im 15. Jahrhundert entstandene Volksepos – »Duma« (»Betrachtungen«) und historische Lieder eine ungemein wichtige Rolle. In diesen Regionen lebten die freiheitsliebenden Kosaken und die freien Bauern. Meine Großmutter Maria Kolbassa erzählte mir, dass es zu ihrer Zeit noch die jungen Kobsar-Erzähler gab, die von Dorf zu Dorf zogen und ihre Rezitationen der uralten »Betrachtungen« zu Gehör brachten. Einige dieser Lieder kannte meine Großmutter auswendig. Und mein Lieblingslied war das »Lied für den Kosaken Petro Sagaidatschni«, das von den grausamen, bitteren und blutigen Ereignissen berichtete, die die Kosaken auf ihrer Heeresfahrt auf die Krim und in die Türkei im Jahre 1614 erlebten. Die Großmutter rezitierte in Reimform von den Heldentaten der Kosaken und ihrem Kampf gegen grausame Feinde. Wir Kinder fühlten uns in tiefer Verbundenheit mit diesen historischen Begebenheiten, stets weinten wir einmütig, wenn Hetman Sagaidatschni im Kampf fiel. Die Großmutter unterbrach ihr Singen nur, wenn es nötig war, etwa, wenn sie sich daran machte, »dem Borschtsch Geschmack« zu geben. Das bedeutete, Salz, Pfeffer und weitere, nur ihr bekannte Ingredienzen in den Topf zu geben, die den ungewöhnlichen Geschmack brachten, den wir als »Babuschka-Borschtsch« bezeichneten.

Im 18. Jahrhundert war einer der bekanntesten ukrainischen Dichter, Philosophen und Aufklärer Grigori Skoworoda, der 1722 bis 1794 lebte und wirkte. Sein Werk systematisierte das bereits vorher Erreichte, jedoch nicht nur der einheimischen, sondern auch der Weltkultur. Er war der Begründer der Literatur der neuen Zeit und bereitete den Weg für solche Genies der ukrainischen Literatur wie Iwan Kotljarewski (1769 bis 1838) und Taras Schewtschenko (1814 bis 1861). Der erstere wird zu recht als Begründer der ukrainischen Literatursprache angesehen, und das Schaffen des zweiten stellt überhaupt ein neues Phänomen in der Entwicklung der slawischen Kultur dar. Aber all dies begann mit unserem genialen Skoworoda. Wir, die Bewohner des Donbass, betrachteten ihn immer als den unseren, da er sein gesamtes Leben lang eng verbunden mit der Ostukraine blieb. Auch beerdigt wurde er in der Region, im Dorf Skoworodinowka (vormals Pan-Iwanowka) im Gebiet Charkow. Auf seinem Grab findet sich ein lakonischer Spruch: »Die Welt jagte mich, konnte mich aber nicht fangen.«

Skoworoda war sein ganzes Leben ein wandernder Philosoph, bereiste die Ostukraine, lehrte in Charkow, lebte in Klöstern und bei Freunden. Er hatte zwei Vorbilder: Seneca und Marc Aurel.

Als Schüler unternahmen wir eine literarische Pilgerfahrt zum Grab Skoworodas. Dort befindet sich auch das Haus des Gutsbesitzers Andrej Kawalewski, in dem Skoworoda die letzten Jahre seines Lebens verbrachte. In diesem Haus war über lange Zeit eine Schule untergebracht. Erst 1972 wurde dort das Literaturgedenkmuseum Grigori Skoworoda eröffnet, in dem persönliche Dinge des großen Dichters und seine Werke zu bestaunen sind. Ich erinnere mich an die alte Eiche, die man im Dorf die »Eiche Skoworodas« nannte, an den alten Park und einen uralten Brunnen. Heute steht dort auch ein schönes Denkmal für unseren bekannten Landsmann.

Im 19. und bis Anfang des 20. Jahrhunderts bereicherten ukrainische Romantik und Sentimentalität die europäische Literatur. In diesen Jahren zeigte sich die Literatur der Ostukraine in unterschiedlichen Stilen von der Neoromantik und dem Realismus bis hin zur Moderne.

Vor allem in der Ostukraine entwickelte sich das Talent eines der Begründer der neuen ukrainischen Literatur. Mit dem Schreiben begann Petro Gulak-Artemowski (1790 bis 1865) bereits als Student der Kiewer Akademie, doch schrieb er zunächst in russischer Sprache. 1819 zog der Schriftsteller nach Charkow, wo er später zum Professor, schließlich zum Rektor der Universität berufen wurde. Gerade in Charkow begann er, in ukrainischer Sprache zu schreiben. Mit einem seiner ersten »ukrainischen« Werke wandte er sich gegen die Leibeigenschaft. Auch schuf der Wortkünstler romantische Balladen und Gedichte, zudem fertigte er Übersetzungen an.

Die Entwicklung der ostukrainischen Literatur ist natürlich eng verbunden mit dem Schaffen Wladimir Dals (1801 bis 1872). Dal wurde in Lugansk geboren und lebte und wirkte dort lange Jahre. Er war Sammler der nationalen Folklore und schrieb unter dem Pseudonym »Kosak von Lugansk«. In Lugansk besuchte ich einmal das Hausmuseum für den Künstler und mich überraschte die einzigartige Sammlung Wörterbücher, die hier zusammengetragen war. Im Dal-Museum findet sich auch sein vierbändiges »Erklärendes Wörterbuch der lebendigen großrussischen Sprache«. Dank Wladimir Dal haben viele ukrainische Wörter Eingang in die russische Sprache gefunden: wolja (Wille), dolja (Teil, Anteil), wataga (Schar, Bande), sarewo (Feuerschein) und andere.

Kompliziert und widersprüchlich verlief die Entwicklung der Literatur der Ostukraine im 20. Jahrhundert. Die Revolution 1917, der stürmische Strudel des Bürgerkrieges und der Beginn des sozialistischen Aufbaus – all dies beeinflusste in hohem Maße das künstlerische Schaffen und auch das Schicksal der Wortkünstler.

Es gab eine kurze Phase der Wiedergeburt der ukrainischen Kultur. Die Zeitschrift »Literarisches Donbass« steht dafür. In Lugansk wurde 1926 der Schriftstellerverbund »Saboi« gegründet. In jener Zeit machten ihre ersten literarischen Schritte Schriftsteller wie G. Bagljuk, B. Pawlowski, W. Taiworonski, K. Gerassimenko, M. Legjanko, A. Galan und andere.

Bereits in den 30er Jahren kam es auch in der Ostukraine zu Repressionen. Die Schriftsteller, deren künstlerisches Schaffen sich nicht in den Rahmen des Sozialistischen Realismus einfügte, wurden des bourgeoisen Nationalismus bezichtigt und als Volksfeinde verfolgt.

Mykola Kulisch (1892 bis 1937) war einer der prägnantesten Vertreter der literarischen Welt der Ostukraine. In Charkow gründete der junge Schriftsteller mit Gleichgesinnten die bekannte

Vereinigung »Waplite«, was in etwa mit »Freie Akademie der Proletarischen Literatur« übersetzt werden kann. Das Werk Kulischs jener Zeit weist eine tragisch-farcenhafte Manier auf. Einer seiner Helden erklärt erschöpft: »Sozialismus, das ist ein kranker Traum für die ganze Menschheit.« Kulisch hatte Erfolg, aber nicht für lange. Er wurde zum Volksfeind erklärt. Die jungen Schriftsteller von »Waplite« wurden auseinandergetrieben. Kulisch selbst wurde auf die Solowezki-Insel gebracht. Er starb 1937.

Repressionen gegen aufsässige und kritische Schriftsteller gab es auch später noch. Wassili Stus (1938 bis 1985) beendete die historisch philologische Fakultät der Donezker Pädagogischen Universität. Er übersetzte Rilke, Celan und Rimbaud. Er selbst schrieb vortreffliche Gedichte. Doch dann begann er öffentlich gegen die Macht aufzutreten. Auch er wurde als Volksfeind bezeichnet. Er musste für fünf Jahre ins Gefängnis und dann für drei Jahre ins Lager. Entlassen wurde er im Jahre 1979, und sofort trat er an die Spitze der Ukrainischen Helsinki-Gruppe. Ein Jahr später wurde er erneut verhaftet. Das Schreiben war im Gefängnis natürlich verboten, doch ihm gelang es, das Buch »Aus den Lagerheften« vorzubereiten, das dann zunächst im Westen heraus gegeben wurde. Dann wurde Stus (schon als politischer Häftling) von einer internationalen Gruppe Kulturschaffender für den Literaturnobelpreis vorgeschlagen. Dies brachte neuen Druck auf den unbotmäßigen Literaten. Im Lager verstarb er in der Nacht vom 3. auf den 4. September 1985.

Und nun zu den Schriftstellern, die wir, die ukrainischen Schüler aus dem Donbass, in der Schule durchnahmen. Da waren Namen auf der Liste, auf die wir stolz waren, die wir als die unsrigen und als zeitgenössische Klassiker betrachteten. Da sind der Dichter Wladimir Sosjura (1898 bis 1965) und der Schriftsteller Boris Gorbatow (1908 bis 1954). Im Gebiet Donezk, in der Wladimir

Sosjura geboren wurde, wurde im Jahre 1968 ein Museum für den Dichter eröffnet. Und Boris Gorbatow erhielt 1952 für seinen Bergleute-Roman »Donbass« den Staatspreis.

Unsere Schulbibliothek war ein Königreich der Bücher, mit Düften und Fülle, die schwindelig machten. Mich quälte stets das Problem der Wahl – ein altes, zerlesenes, zerfleddertes Buch oder doch eine Novität mit vielen Bildern. Meine Wahl fiel oft auf das zerlesene Buch. So haben sich mir die Kindererzählungen von Grigori Tjutjunik (1931 bis 1980) eröffnet. »Dieser Schriftsteller ist ein unsriger, aus dem Donbass«, unterwies mich unser Bibliothekar. Der Sammelband umfasste Erzählungen wie »Lassotschka«, »Steppenmärchen«, »Klimka«, »Feuer in der Steppe«. Und viele andere fallen mir ein, die ich bis heute nicht vergessen habe. Tjutjunik lebte im Donbass, arbeitete als Lehrer, nachdem er 1962 die Charkower Universität absolviert hatte. Freunde sagten über ihn, er sei ein Mensch »mit blanken Nerven«. Er war einer der ersten, die beunruhigt waren angesichts des Vormarschs der Zeit der »Herzlosigkeit«. Aufgrund seiner öffentlichen Auftritte wurden ihm Hindernisse in den Weg gelegt, und die Kritiker schrieben über ihn, dass er die Zerstörung der moralischen Prinzipien und des Lebenssystems des ukrainischen Volkes im Sozialismus propagiere.

Um die literarische Situation in der Ostukraine zu verstehen, muss man wissen, dass sich die Gebiete in mancher Hinsicht von der Zentral- und der Westukraine unterscheiden. Im Donbass leben heute etwa acht Millionen Menschen, das ist ein Sechstel der Bevölkerung der Ukraine. Die Donbass – Bevölkerung – das sind Ukrainer (50,7 Prozent), Russen (43,6 Prozent), Griechen (1,3 Prozent), zudem Belarussen, Juden, Tataren, Usbeken, Armenier und andere. Insgesamt leben hier Angehörige von hundert Nationalitäten – manche sagen von 116. Lange Zeit war die russische Sprache die erste und wichtigste Sprache im Donbass, in den

Dörfern war es ein Gemisch aus Russisch und Ukrainisch, das die Philologen als »Surschik« bezeichneten. Vor allem hier, wie nirgends sonst in der Ukraine, gab und gibt es viele Dichter und Literaten, die ihre Werke in russischer Sprache schufen. Auch ich habe dort meine ersten literarischen Schritte getan, nämlich in der Vereinigung der jungen Dichter und Prosaiker in der Stadt Artjomowsk im Gebiet Donezk.

1967 wurde ein Sammelband junger Autoren der Ostukraine unter dem Titel »Wetterleuchten« herausgegeben. 1968 erschien der Sammelband »Gerade rechtzeitig wurden wir geboren«. Ein Teil von uns schrieb in ukrainischer Sprache, die Mehrheit aber nutzte das Russische. Unser Idol in dieser Zeit (und wohl auch noch heute) war der ergreifend talentierte Charkower Dichter Boris Tschitschibabin (1923 bis 1994). Er dichtete auf russisch. Wir schrieben seine Dichtungen ab, schickten sie uns gegenseitig zu und reichten sie an Bekannte weiter.

Das Leben Tschitschibabins war auf das engste verbunden mit Charkow, das er über alles liebte, in das er nach dem Krieg auch zurückkehrte. Seine Gedichte riefen den Argwohn der Macht hervor, die etwas Aufrührerisches in ihnen vermutete. Später wanderte er unter dem Vorwand der antisowjetischen Propaganda ins Gefängnis, leistete dort Schwerstarbeit, aber er fuhr fort zu schreiben. Und der Schriftsteller notierte in dieser Zeit: »Ich hatte eine sichere innere Abwehr, wie ein ‚inneres Kloster, meine Träume, meine Bücher und Gedichte, meine Freiheit im Kopf, darin lebte ich, und nicht in den seltsamen Lagergegebenheiten, nicht im Lager, sondern in der Ewigkeit.«

Nach seiner Freilassung kehrte der Dichter nach Charkow zurück. Die ersten Lyrikbände »Jugend« und »Frost und Sonne« erschienen. Eines seiner im Jahre 1959 geschriebenen Gedichte ist bis in unsere Tage hochaktuell.

»Solange es Armut gibt, und
Reichtum,
Solange wir nicht aufhören
zu lügen,
Und uns nicht abgewöhnen,
uns zu fürchten,
Ist Stalin nicht gestorben.«

Dank des Chruschtschowschen Tauwetters erlaubte man Tschitschibabin, eine Literaturwerkstatt für junge Dichter und Schriftsteller zu leiten, auch wurde er in den Schriftstellerverband aufgenommen. Aber 1973, nachdem seine Gedichte in einer Samisdat-Ausgabe veröffentlicht worden waren, wurde der Dichter aus den Reihen des Verbandes wieder ausgeschlossen. Doch seine Gedichte gingen weiter von Hand zu Hand. Wir, die jungen Wortkünstler, kannten sie alle auswendig. »Verschwörung des Schweigen« wurde erst Anfang der Perestroika beendet. Herausgegeben wurden zwei Gedichtbände: »Kolokol« (1989) und »Meine 60er« (1990). Im Jahre 1990 wurde der Dichter mit dem Staatspreis ausgezeichnet, und wieder drei Jahre später mit dem Sacharow-Preis. Die Monate bis zu seinem Tod im Jahre 1994 hatte er Zeit, den Sammelband neuer Gedichte »Kartoffelblüte« vorzubereiten.

»Darf ich Ihnen meine Gedichte zeigen«, fragte ich einst Tschitschibabin. »Ja, natürlich«, erklärte er seine Bereitschaft. Damit begann meine Bekanntschaft mit ihm. Dieser Mensch besaß eine bemerkenswerte Fähigkeit und ein Interesse, Gedichte zu hören, über sie nachzudenken und über sie zu reden.

»Er hat einen reinen Geist«, schrieb Tschitschibabin über seinen Freund, den Dichter Mykola Rudenko. Aber auch er selbst war von reinem Geist, seine Augen waren wie seine Handschrift kindlich.

Mich hat stets seine Liebesfähigkeit berührt: die Ukraine zu lieben, die Natur, die Freunde, seine Lilja zu lieben, wie nur ein Dichter liebt. Ist mir schwer ums Herz, greife ich noch heute zu seinen Gedichten, sie haben fast alle die Ukraine und die Liebe zum Thema.

Wie es weitergeht, wird die Zeit zeigen. Im Prinzip alle jungen Talente aus der Ostukraine, die mit dem Oles Gontschar-Literaturpreis ausgezeichnet wurden, belegen das Potential. Und worüber sie schreiben? Über die ewigen Fragen – das Streben nach Ganzheit, die Kontinuität des Zeitenlaufs, den Sinn des Lebens, über Mitgefühl und Teilhabe. Das zeigt sich im Roman »Anja Dark« von Vitali Menschikow, Student der Lugansker Schewtschenko-Universität, den Gedichten von Olga Kudinowa aus Lugansk, den Erzählungen von Oxana Boiko aus Charkow, dem Roman »Ich werde dich morgen lieben« von Viktoria Melonika, dem Gedichtzyklus von Antonina Timtschenko aus Charkow und vielen anderen. Diese jungen talentierten Autorinnen und Autoren helfen mir, meinen Beitrag über die ostukrainische Literatur mit einem optimistischen Ton abzuschließen: Wir dürfen uns daran freuen, dass in unsicheren und schwierigen Zeiten die Jungen schreiben. Und noch einmal: talentiert schreiben.

Tadschikischer Plow. Eine Kindheitserinnerung

Meine Kindheit – zehn Jahre insgesamt – verbrachte ich in Zentralasien, genauer in der Karakum-Wüste am Fluss Amu-Darja in der Turkmenischen SSR. Das war Mitte der 1950er Jahre, und besonders in Erinnerung blieben zahlreiche Reisen mit meinen Eltern durch Turkmenistan, Usbekistan und Tadschikistan.

Kurgan-Tjube (heute: Kulob). Der Frühling in Tadschikistan ist noch jung. Wir – Mama, Papa und ich – streben zum Basar im Herzen der Stadt und dort in die Tschaichana (Teehaus). Hier arbeitet der legendäre Teestubenbesitzer und zugleich Koch Meister Faizullo. Der Basar quillt über mit Bergen von Lepjoschki (traditionelles Fladenbrot), Gemüse, Gewürzen, Süßigkeiten und Früchten. Die erhitzten Esel scheinen zu dampfen. An der Ecke der Tschaichana raucht der bis zum Rand mit Plow gefüllte gusseiserne Kasan (weiter Topf), in der Nähe wird Schaschlik gebraten und im tönernen Tandyr (Lehmofen) werden Samsa (Fleischpasteten) gebacken.

Der offene Teil des Teehauses – Aiwan genannt – ist leer, wir gehen ins Innere, hier sitzen die Tadschiken und trinken ihren Tee.

Mit Meister Faizullo pflegte mein Vater eine lange Freundschaft. Mein Vater selbst war ein großer Meister und Kenner dieses wohl beliebtesten Gerichts in Zentralasien – Plow. Er behauptete, dass man ihn aus jedem Anlass kritisieren kann, aber nicht für den von ihm zubereiteten Plow! Mein Vater hat natürlich übertrieben, aber nicht zu sehr. Plow war wirklich gleichsam sein Markenzeichen, und er liebte es, wenn sein Plow gelobt wurde, sich alle die Lippen leckten und anderen erzählten, dass Wassili Iwanowitsch Kuschtewski den köstlichsten Plow zubereitet! Meine Eltern lernten sich nach dem Krieg in Zentralasien kennen, mein Vater arbeitete als Arzt im Dorf Dargan Ata, meine Mutter wurde dorthin als junge Apothekerin geschickt. Er lud sie zu Besuch ein und versuchte, das Abendessen ästhetisch-kulinarisch zu gestalten. Nun ja, mit seinem Plow hatte er wie stets überwältigenden Erfolg. Ich habe die väterlichen Neigungen übrigens geerbt und mehrere Kochbücher geschrieben.

Zurück zu Meister Faizullo, mit dem Vater gern über das Leben im Allgemeinen und das Leben der Völker Zentralasiens im Besonderen sprach. Und das war interessant: Sobald die Rede auf Plow kam, sagte der Meister: Usbeken, natürlich, das sind tolle Hirten! Ein Usbeke schaut sich nur den Widder an – und kann dir direkt sagen, wo er weidet und ob das Fleisch von guter Qualität ist.« Nach kurzem Schweigen fügte der Meister unbedingt hinzu: »Aber ihr Plow ist unserem tadschikischen doch unterlegen!« Kam die Rede auf Turkmenen, so trug Faizullo wieder das Seinige bei: »Was für Pferde! Turkmenen sind wunderbare Reiter. Und ihr Beschbarmak (Nudel-Fleisch-Gericht) ist köstlich, ja, aber Plow ist immer noch schmackhafter…«

Tatsache ist, dass die Tadschiken seit Jahrhunderten Bauern waren und viel über Reis und Gewürze wussten. Die Turkmenen und Usbeken waren der Viehzucht nachgehende Nomaden. Ihre Fleischgerichte, wie eben Beschbarmak, waren einfach göttlich, und Plow, wo Reis, Fleisch, Gewürze und Gemüse zusammenkamen, war die Kunst der Tadschiken.

Die sesshafte und die nomadische Welt in Zentralasien koexistierten und ergänzten sich seit Jahrhunderten. Die Nomaden brauchten Brot, Gemüse, Stoffe, handwerkliche Erzeugnisse der Tadschiken. Die Sesshaften wiederum kauften Fleisch, Felle und Wolle von den Nomaden. Die Stärke der Nomadenküche waren Milchprodukte. Joghurt auf türkische Art ist »saure Milch«. Turkmenen zum Beispiel waren besonders raffiniert in der

Herstellung von Gerichten aus saurer Milch. Die Gründe liegen auf der Hand: Unter den Bedingungen ihres Lebens konnten sie Milch nicht frisch lagern, sie erfanden daher viele Rezepte zur Verarbeitung von Milch, um die Erzeugnisse dann bequemer transportieren zu können und Milchprodukte nicht verderben zu lassen.

In Faizullos Tschaichana wurde natürlich zunächst Tee gebracht. In Tadschikistan gibt es viele Sorten Tee, von traditionellem Grünen Tee bis hin zu Blütentee – aus getrockneten Jasminknospen, Rosenblättern oder anderen Blüten. Das beste Geschirr für die Teeparty ist eine Porzellanschale, innen mit weißer Glasur. Darin erhält Grüner Tee eine angenehme Farbe. Auch die Teekanne ist aus Keramik, so bleibt das Aroma des Tees lange erhalten. Tadschiken fügen dem Tee nichts hinzu, bei ihnen heißt es: »Tee hat seinen eigenen Geschmack, Zucker hat den seinigen.«

Im Allgemeinen haben die Tadschiken viele Sprichwörter über das Essen, darunter natürlich über Plow: »Beeilen muss man sich bei der Arbeit, nicht beim Essen.«, »Allah, gib mir Plow, so lange ich Zähne habe«, »Es wäre gut, in der Fastenzeit Plow zu essen«, »So sehr ich auch überlege, etwas Besseres als Plow kann man sich nicht ausdenken.«

Nach dem Tee kamen wir zum Wichtigsten – Plow! Selbst die Art des Plow muss unbedingt die Phantasie arbeiten lassen und die Lust anregen – heißt es bei den Tadschiken. Die schlechte Zubereitung von Plow ist kriminell, da »die meisten Krankheiten durch den Mund kommen«, aber so fügt Meister Faizullo mit einem Lächeln hinzu: »Die meisten Schwierigkeiten im Leben kommen ebenfalls aus dem Mund.« In Tadschikistan ist man sich sicher, dass der Koch den Plow so zubereiten kann, dass er »das Blut nährt und erfrischt«. Essen, und besonders ein guter Plow, kann einen Menschen trösten, der in Schwierigkeiten oder einsam in einer fremden Welt ist.

Der Plow in der Tschaichana von Meisters Faizullo war so, dass jeder, der ihn einmal gekostet hat, verstand: Dieses Gericht ist höchste tadschikische Kochkunst!

Der Reis war eine besondere Sorte des tadschikischen »Langkorn Spitzenreis«, das Fleisch von einem zarten jungen Lamm, dazu Gemüse und tadschikische Gewürze und Kräuter. Es sind gerade die Gewürze, die den tadschikischen Plow von usbekischem, kirgisischem und turkmenischem Plow unterscheiden.

Zum Beispiel Safran. Es ist das teuerste Gewürz der Welt. Der Preis pro Kilogramm kann bis zu 10 000 Euro betragen. Geschuldet ist dies der Tatsache, dass es reine Handarbeit ist, den sich in drei Narben gliedernden Griffel der Krokusblüten zu ernten. Insgesamt werden weltweit nicht mehr als 250 Tonnen Safran pro Jahr produziert, vor allem im Iran (um die 90 Prozent). aber auch in Tadschikistan und in Afghanistan.

Und natürlich, was wäre ein Plow ohne Sira? Sira (Kreuzkümmel) ist eine besondere Art von einjähriger, krautiger Pflanze aus der Familie der Doldenblüter. Sira sieht aus wie Kümmel, hat aber einen ganz anderen Geschmack. Alle diese Gewürze für den Plow können auf jedem tadschikischen Basar gekauft werden. »Welchen Sira brauchen Sie für Plow? Namanganer? Aus Chorog? Murgab? Termes? Oder doch Oschsker? Ja, genieren Sie sich nicht, nehmen Sie eine Prise, versuchen Sie es auf dem Zahn!«

Jetzt ist es gut, man kann alles kaufen«, sagte Faizullo. »Ich erinnere mich, dass Reis nach dem Krieg unter strenger Rationierung stand, einmal pro Woche – freitags – wurden achtzig Kilo für die Tschaichana geliefert. Damit konnte man 300 bis 400 Menschen satt bekommen, die, für die es nicht mehr reichte, tranken Tee. Aber damals traten in unserem Teehaus oft Kysyktschi (Komiker) auf. Es waren echte Volksstars, sie spielten Szenen, und lustige Geschichten wurden erzählt.« Tatsächlich haben Wissenschaftler Hunderte

Sujets des tadschikischen Volkstheaters aufgezeichnet, das jahrhundertealte Traditionen hat. Und im Mittelpunkt der Texte stand stets die soziale Ausrichtung, wofür dieses Theater im Volk sehr geliebt wurde.

In Tadschikistan sind die Kysyktschi fast verschwunden und mit ihnen die Mas'charabosen – Volkssänger, Volkstänzer, Mimiker-, die bei Auftritten in den Tschaichanas und auf den Plätzen während der Volksfeste zu sehen waren.

Aber in den tadschikischen Teehäusern sitzen immer noch grauhaarige Aksakale, führen ruhige Gespräche, trinken Tee und warten geduldig, dass im Hof der Plow im Kasan »gereift« ist. Und Plow kann, wie in früheren Zeiten, mit einem Wort definiert werden: göttlich. Er erfreut nach wie vor »das Auge, die Nase und die Zunge«, wie die Tadschiken sagen.

Am 12. Juni 2016 starb mein Vater. Er war damals 97 Jahre alt. Er war ein Feinschmecker, aber nicht einer von denen, die in Restaurants gehen, um von anderen zubereitete Speisen zu verkos-

ten. Er selbst war ein großartiger Koch und sehr gastfreundlich. Wenn er von der Arbeit zurückkam, war sein erster Satz immer: »Wie müde ich bin!« Und dann band er sich seine Küchenschürze um und machte sich ans Kochen. Es war Urlaub für ihn! Es war eine Freude, sich von allen Sorgen zu trennen. Er vergaß jeden Ärger! Seine kulinarischen Experimente nannte er »reine Freude«.

Wenn er an einem solchen Tag Plow zubereitete, war es eine Überraschung und Freu- de, wie es sich für ein Wunder gehört. »Papa und Plow« – das klang für uns immer freudig.

Im Juni 2021 rief ich Freunde zusammen, kochte Plow »Duschanbe« nach Papas Rezept, genau wie er es einst nach den Angaben seines alten Freundes Meister Faizullo aufgezeichnet hatte.

Plow »Duschanbe«

Zutaten: 1,5 bis 2 Kilogramm Lamm, 120 Gramm Öl, 1 Zwiebel, 1½ Tassen Basmati-Reis, 1 Karotte, 150 Gramm Schalotten, Brühe, Pfeffer, Lorbeerblatt, 6 bis 7 Fäden Safran, Sira (Kreuzkümmel), Salz.

Zubereitung: Nehmen Sie Fleisch vom Bruststück, Mittelstück vom Rücken oder vom weichen, fettreichen Lammrücken. Schneiden Sie das Bruststück in Stücke, das Mittelstück in Koteletts und den Rücken in Scheiben. In einem Topf 120 Gramm Öl erhitzen. Wenn es heiß genug ist, geben Sie eine gehackte Zwiebel oder Schalotten, die in dünne Scheiben geschnittene Karotte und das mit Salz und Pfeffer gewürzte Fleisch hinzu. Gießen Sie ein Glas Bouillon hinzu, bei geschlossenem Deckel solange dünsten bis das Fleisch halbgar ist, oft wenden.

Waschen Sie den Reis, geben Sie kochendes Wasser darüber, 10 Minuten stehen lassen, in einem Sieb abtropfen lassen, mit kaltem Wasser noch einmal waschen, zum Fleisch geben, dünne Brühe hinzugießen, so dass der Reis ganz bedeckt ist, 1/2 Lorbeerblatt, 5 schwarze Pfefferkörner hineingeben, den Deckel schließen und den Topf in den Backofen stellen. Salzen, wenn der Reis noch nicht ganz weich und krümelig ist. Gießen Sie die Safrantinktur über den Reis (alternativ können Sie fein geschnittenen Safran während des Kochens in den Topf geben). Der Safran gibt dem Gericht nicht nur einen besonderen Geschmack, sondern auch eine schöne Orangefärbung.

Die Safrantinktur wird wie folgt hergestellt: 6 bis 7 Safran-Fäden in einen Behälter mit Deckel geben, kochendes Wasser hinzugießen und den Deckel fest verschließen. Viele bereiten die Tinktur im

Voraus zu, Hauptsache ist, dass der Deckel fest schließt, damit der Geschmack nicht verfliegt.

Zum Abschluss 1/4 Tasse Sira zu Reis und Fleisch hinzufügen.

In einer anderen Variante können Sie dem Plow auch »Kischmisch« hinzugeben. Das ist eine besondere Art der zentralasiatischen Rosine, diese müssen zuvor mit kochendem Wasser übergossen werden und einweichen. Auf zwei Kilogramm Lammfleisch nimmt man eine halbe Tasse auserlesene Kischmisch.

»Ischtichoi softom!« – »Guten Appetit!«

»Sie werden besser. Warum sonst sollte man schreiben?«

Die Schriftstellerin Tatjana Wasiljewna Kuschtewskaja ist 75 Jahre alt geworden. Doch das ist nicht ihr einziges Jubiläum. In diesem Jahr sammelt diese talentierte, stilvolle und starke Frau einen ganzen Strauß von Jahrestagen: Seit 30 Jahren lebt und arbeitet sie in Deutschland, seit 25 Jahren existiert ihre privat initiierte deutsch-ukrainische Literaturförderung, die den Preis »Oles Hontschar« an junge Autoren der Ukraine verleiht, und sechzig Jahre ist es her seit dem literarischem Debüt der Schriftstellerin.

Die Schriftstellerin Tatjana Wasiljewna Kuschtewskaja wurde am 8. September 1947 in der Turkmenischen Sowjetrepublik in der Wüstenoase Dargan-Ata geboren. Ihre Kindheit erlebte sie im Donbass, in der Ukraine. Sie erhielt ihre musikpädagogische Ausbildung an der Musikhochschule der Stadt Artjomowsk und arbeitete acht Jahre als Musikpädagogin in Jakutien, in der Stadt Lensk. Von 1976 bis 1981 erwarb sie ihren zweiten Hochschulabschluss als Drehbuchautorin an der Filmhochschule VGIK in Moskau. Dort leitete sie von 1983 bis 1991 die Meisterklasse Drehbuch und arbeitete als freie Journalistin. Sie schrieb unzählige Reportagen und Drehbücher für Dokumentarfilme, reiste durch zahlreiche Regionen der ehemaligen Sowjetunion.

Anfang der 1990er Jahre siedelte sie in die Bundesrepublik Deutschland über und arbeitet seither als freie Autorin in Nordrhein-Westfalen, in der Stadt Essen.

Ihre Auszeichnungen: Die Goldmedaille des Zentrums für russische Kultur MIR in München, ein Orden des Kulturministeriums der Ukraine für erfolgreiche, langjährige Tätigkeit auf kulturellem Gebiet, die Ehrenmedaille des Schriftstellerverbands der Ukraine für persönliche Verdienste in der literarischen Arbeit, für den besonderen Beitrag zur Wiederherstellung des Geistes und der Kultur des ukrainischen Volkes, eine Urkunde vom Präsidium des ukrainischen Kulturfonds für das Wirken und die Mitarbeit in der Erneuerung und Entwicklung der nationalen Kultur.

Tatjana Wasiljewnas Ehemann Dieter Karrenberg ist als Unternehmer, Mäzen und Kunstsammler eine Persönlichkeit des öffentlichen und kulturellen Lebens. Seit seiner Kindheit begeistert er sich für Literatur, er ist ein großer Verehrer des Werks von Oles Hontschar. Er besitzt eine der besten privaten Büchersammlungen in Deutschland, ein reiches literarisches Archiv.

Der Name von Tatjana Kuschtewskaja ist in aller Munde. Sie ist eine der bekanntesten Schriftstellerinnen, die in Deutschland leben, Autorin von fünfundzwanzig Büchern zur Kultur und Geschichte Russlands. Ihr Schaffen fand zahlreiche begeisterte Verehrer unter den deutschen Lesern. Ihre Helden, das sind Geologen, Jäger, Schamanen, die Menschen des Hohen Nordens. Sie ist Autorin einer dreibändigen Sammlung von Biografien berühmter russischer Frauen, einiger ungewöhnlicher Kochbücher, einiger Essaysammlungen zur Kunstgeschichte und ein kleines Büchlein, das ein Bestseller geworden ist: »Die Apotheke meiner Großmutter«.

Einmal sagte eine Tochter Thomas Manns, Elisabeth Mann-Borgese, nachdem sie erfahren hatte, dass Tatjana dokumentarische Prosa verfasst: »Ja, das Leben schreibt die besten Geschichten«. Diese Worte sind eine Art Motto ihres Schaffens geworden.

Die Themen unseres Gesprächs mit Tatjana Wasiljewna sind ihre literarische Arbeit, die unlängst stattgefundene Jubiläums-Lesereise durch Bayern und das Erscheinen ihres neuen Buches.

Jubiläums-Lesereise nach München und Stein

Wie läuft Ihr Jubiläumsjahr ab?

Hervorragend! Im Juli fand im Rathaus der Stadt Stein, in der Nähe von Nürnberg, mein großer literarischer Jubiläumsabend statt. Die Laudatio hielt Professor Uli Rothfuss, der Rektor der Akademie Faber-Castell in Stein, er ist gleichzeitig Präsident der KOGGE, der Vereinigung europäischer Schriftsteller und Übersetzer. Ich war sehr aufgeregt. Es waren viele Studierende der Akademie anwesend, das ist üblicherweise ein skeptisch und kühl gestimmtes Publikum. Und es schien mir nicht einfach, die Mauer zwischen Bühne und Saal einzureißen. Als ich auf die Bühne kam, stimmte ich für mich selbst völlig unerwartet ein Lied an. Ich sang das Lieblingslied meiner Großmutter aus einem ukrainischen Dorf, das wie verloren in der Donez-Steppe liegt: »Oj u gaju pri Dunaju solovej schebetsche …«

Ich sang und übersetzte anschließend den Text ins Deutsche. Und dieser Text ist einfach umwerfend. Und die Melodie ist so bezaubernd. Mit diesem Lied hatte ich den Gästen im Saal alles gesagt: Ja, auch wenn wir nicht in der Lage sind, den Krieg zu stoppen, so sind wir doch nicht ohnmächtig. Die Hauptsache ist: Wir sind nicht teilnahmslos. Wir räumen der Angst keine Möglichkeit ein, uns zu beherrschen. Wir bringen den Mut zur Gemeinsamkeit auf, wir lassen uns nicht spalten. Wir sagen Nein zur Aggression und ja zum Frieden in der Ukraine.

Und dann begann die eigentliche Lesung. Ich las Auszüge aus zahlreichen meiner Bücher. Das Publikum wollte mich lange nicht von der Bühne gehen lassen. Es war ein wunderbarer Abend, eine freundliche und warmherzige Begegnung.

Ein anderer Jubiläums-Leseabend fand in München statt, im Konzertsaal Gasteig, beim Zentrum MIR für russische Kultur. Die Präsidentin Tatjana Lukina hatte einen großen literarisch-musikalischen Abend »Am Anfang war die Frau« organisiert, der meinem 75. Geburtstag gewidmet war. Ein großartiges Geschenk! Herzlichen Dank an sie, sie hatte keine Angst! Die Zeiten sind jetzt nicht danach, was immer man sagt, es gibt immer jemanden, den es wütend macht. Eine ziemlich schlimme Situation, eine Tragödie: Es gibt keine Worte über das heutige Russland, die auf Zustimmung treffen. Nur Worte, die Hass hervorrufen. Doch MIR ist angstfrei, und ihr Programm ist vom Geist der Liebe durchdrungen, ganz im Sinn einer groß verstandenen Christlichkeit. Für mich ist München ein Kraftort, und deshalb war mir der Erfolg meines literarischen Abends in der bayerischen Hauptstadt extrem wichtig. Unter den Gratulanten waren meine Kollegen aus dem deutschen Schriftstellerverband, aus der Vereinigung europäischer Schriftsteller und Übersetzer KOGGE, und Freunde aus dem PEN-Club. Ehrlich gesagt, ich war sehr berührt von diesem Abend.

Die Anthologie »Wetterleuchten« – Ein frühes Debüt

Sechzig Jahre literarische Arbeit. Womit hat alles begonnen?

Als ich 15 Jahre alt war, erschien im Verlag Donbass ein kleines Büchlein, die Anthologie Wetterleuchten (Sarnitsa), ein Sammelband junger Dichter und Prosaautoren der Region Donbass. Mein literarischer Anfang lag also in der Lyrik. Ich war so etwa acht Jahre alt, als ich mein erstes gereimtes Gedicht schrieb. Und ich schrieb Gedichte in Reimform, bis ich achtzehn war. Dann begeisterte ich mich für die metrisch freie Form, *Vers libre*. Das ist eine ziemlich komplizierte Form, und man muss großes Talent dafür haben. Solche Gedichte werden nicht durch den Reim und das Versmaß gebunden, sondern durch ernsthafte Bedeutungsklammern. Einer meiner Lieblingsautoren, David Samoilov, hat nicht umsonst über die freie Form gesagt: »Tretet zur Seite, Uneingeweihte! Das ist für ernsthafte Meister«. Später bin ich wieder zu Reim und Versmaß zurückgekehrt. Und noch später, als im Leben eine Art Grundtraurigkeit und Heimatlosigkeit begann, zog es meine Seele zur Prosa, das war die Form, in der ich darüber schreiben konnte.

Die Kunst, Worte zu verbinden

Dreißig Jahre literarische Arbeit in Deutschland - fünfundzwanzig Bücher. Welches davon war das schwierigste?

Ja, eigentlich alle! Um tiefgehende psychologische Prosa zu schreiben und detailreich auszuarbeiten, muss man viel, sehr viel recherchieren, sich durch Berge historischer Fachliteratur arbeiten, bis sich darstellt, was in der Wirklichkeit geschieht. Damit sich die verschiedenen Stimmen deiner Figuren zu einem symphonischen Werk verweben. Eines meiner Lieblingsworte lautet »ambivalent«, zwiespältig. Die Lebensgeschichte eines jedes Menschen ist ambivalent, wie auch die Geschichte der Menschheit in ihrer Gesamtheit. Man darf von ihr keinen moralischen Sinn einfordern, Geschichte besitzt eine andere Bestimmung. Sie trennt das Vergangene vom Gegenwärtigen und man muss bereit für Veränderungen sein, für das Neue, um sich den Transformationen des Lebens zu stellen und sich einschreiben zu können. Anders geht es nicht.

Ich verfasste zahlreiche biografische Porträts berühmter russischer Frauen, etwa sechzig, ich schrieb Reisebücher über den Ural, die Wolga, den Baikalsee, Kamtschatka, über die Flüsse Lena und Jenissej. Eines meiner Bücher ist ein Spaziergang über alte russische Friedhöfe. Und eines über meine ukrainische Großmutter, eine heilkundige Frau und ihre Ratschläge.

Wenn Sie mich nach Bestsellern fragen, so geht mein Anliegen eher in Richtung Longseller, das heißt, Bücher, die nicht nur kurzzeitig im Buchhandel auftauchen, sondern über lange Zeiträume gern gekauft werden und einzigartig und wichtig sind, unabhängig vom Wandel der literarischen Moden.

Der ukrainisch-deutsche Literaturpreis, den Sie gemeinsam mit Dieter Karrenberg initiiert haben, wird fünfundzwanzig Jahre alt. Erzählen Sie uns etwas darüber.

Damals bat mich die Zeitung Neues Deutschland für die Rubrik Sonntagsgeschichte um ein Interview mit dem ukrainischen Schriftsteller Oles Hontschar, einem so genannten lebenden Klassiker, und gleichzeitig bat man mich darum, eine seiner Erzählungen zu übersetzen. Ich wählte seine hellsichtige Erzählung »Die schwarze Schlucht« (Tschornaja Padj). Beides wurde veröffentlicht und stieß auf ein lebhaftes Echo. Die deutschen Leser kannten den Autor dank des Romans »Die Kathedrale« (Sobor), der sowohl in der DDR wie auch in der BRD übersetzt worden war.

Nach dem Tod des Schriftstellers traf ich seine Witwe Valentina Danilovna Hontschar in Kiew, und dort reifte der Gedanke heran, den ersten privaten deutsch-ukrainischen Literaturpreis zu gründen und ihm den Namen Oles Hontschar zu geben, weil dieser ukrainische Schriftsteller so viel für die Förderung junger Autoren getan hat.

Zurück in Deutschland besprachen mein Mann Dieter Karrenberg und ich das Projekt und entschieden uns, alljährlich am Geburtstag des Schriftstellers Oles Hontschar am 3. April den

Literaturpreis in fünf Kategorien zu verleihen: Roman, Erzählung, Lyrik, literarisches Essay und Publizistik. Und im Jahr 2008 wurde uns von der Liga der ukrainischen Mäzenaten dafür sogar der Titel »Beste Mäzene des Jahres« verliehen. Wir waren darüber, ehrlich gesagt, sehr erstaunt, weil es bei unserer Unterstützung begabter Autoren nicht um große Summen geht (auch wenn es einigen jungen Autoren ermöglicht hat, ihr Erstlingswerk zu veröffentlichen, und das ist wirklich wichtig). Und in der Ukraine gibt es ziemlich reiche Mäzene! Doch man erklärte uns: »Sie haben in all den Jahren kontinuierlich junge Talente unterstützt. Sie haben mehr als hundert Preisträger ausgezeichnet! Während unsere superreichen Mäzene nach Lust und Laune oder vielleicht vor Wahlen mal in Erscheinung treten und dann gleich wieder verschwinden.« Im Moment hat der Krieg unsere Preisverleihung unterbrochen, aber Sie können sich kaum vorstellen, wie viele interessante Romane, Erzählungen, Gedichte und Essays bei uns eingehen, ein unablässiger Strom. Der Wettbewerb wird fortgesetzt! Wenn für die Menschen in der Ukraine manchmal kaum Zeit bleibt, in den Luftschutzkeller zu flüchten, so finden die kreativen Menschen selbst dann noch Kraft, sich hinzusetzen und einen Roman oder Gedichte zu schreiben, als läge vor ihnen die Ewigkeit. Das beeindruckt mich sehr! Und deshalb lesen Dieter und ich all die eingeschickten Texte mit Begeisterung und großer Sorgfalt. Erst vor wenigen Tagen lasen wir in einer Erzählung des Autors Igor Doroschenko von einem hochbetagten Mann aus Charkiv, Boris Romantschenko, der die Hölle durchgemacht hat und das Konzentrationslager Buchenwald überlebte, und dann zweiundneunzigjährig in seinem eigenen Haus in Charkiv von einem Geschoss des russischen Militärs getötet wurde. Die Erzählung berichtet darüber dokumentarisch, lakonisch, stark.

Ein Geschenk an die Leser

Zu einem Jubilar kommt man mit Geschenken, aber auch Sie stehen nicht mit leeren Händen da. Ihr neues Buch »Die Mäzenin Tschaikowskis. Obsession und Leidenschaft« ist erschienen. Worum geht es?

Ja, tatsächlich. Anfang August erschien im Berliner Verlag Edition Noack & Block mein neues Buch, ein Roman. Man kann ihn in jedem deutschen Buchladen bestellen, oder direkt beim Verlag. Die Baronin Nadeshda von Meck war nicht einfach nur die Mäzenin des Komponisten Peter Tschaikowski, sondern eben auch seine Seelenverwandte, der Mensch, der dem Komponisten am nächsten stand. In einem seiner Briefe (und sie schrieben einander 1200 Briefe) bekennt er, dass er ohne sie niemals ein großer Komponist geworden wäre. Doch die Auflösung der Romanhandlung zwischen den beiden, die einander unsichtbar blieben, ist tragisch.

Ich habe zwei Jahre an dem Roman gearbeitet und versucht, mich in die Beziehung zwischen den beiden Menschen einzufühlen, sie neu zu denken. Es gibt sehr viel Beunruhigendes in diesem Buch. Jeder wird es auf seine Art lesen und entdecken. Und ich hoffe, dass beim Lesen etwas geschieht mit Ihrer Seele, Sie werden nach dem Lesen nicht derselbe Mensch sein. Sie werden ein kleines Stück besser. Daran glaube ich! Und warum sonst sollte man schreiben!

Das Gespräch führte Nadeschda Runde.

Interview aus der Zeitschrift *Novye semljaki* (Deutschland)
Oktober 2022

Epilog und Danksagung

Man sollte nur über das schreiben,
was man liebt.
Anna Achmatowa

Wenn ich die letzte Seite eines neuen Buches getippt habe, möchte ich immer meine alte Schreibmaschine streicheln, wie einen anhänglichen Hund. Denn während langer Abende habe ich auf ihr die Tasten angeschlagen und mich bemüht, eine treue Dienerin der Wahrheit zu sein. »Zwei Engel sitzen auf meinen Schultern: der Engel des Lachens und der Engel der Tränen«, erinnere ich mich an einen Ausspruch des russischen Philosophen Rosanow, »und ihre ewige Reiberei ist mein Leben«.

Und wieviel bleibt noch an Ideen und Plänen! Wieviele Fotos aus dem Album warten auf ihre Zeit, um zu reden! Mir fehlt noch ein Leben, oder, besser gesagt, mir fehlen drei oder vier davon, um alles Beabsichtigte zu verwirklichen. In »Meinem geheimen Russland« wollte ich die Melodie der Zeit im Lärm des Lebens erlauschen, die nicht zufälligen Züge im Zufall sehen und beim Betrachten der bekannten Gesichter auf den alten Fotos verstehen, wer wir sind. Die Liebe gab mir das Recht, über meine Landsleute ganz offen zu schreiben. »Ohne Liebe werden auch die allergenauesten Fakten zur Lüge«, sagte mir einmal Lew Kopelew, der das Vorwort zu meinem ersten dokumentarischen Buch geschrieben hat, das in Deutschland herausgekommen ist. Nach dem Erscheinen von »Ich lebte tausend Leben« und »Russische Szenen« stellte ich fest, dass sich die deutschen Leser heute wie nie zuvor für aufrichtige dokumentarische Prosa über Russland interessieren.

Ich wollte mit »Meinem geheimen Russland«, ungeachtet allen Irrsinns und Wirrwarrs unseres russischen Lebens, auf diesem Abschnitt des Wegs von meinem Herzen zum Herzen des Lesers das Gefühl vermitteln, dass alles Finstere letztendlich verwandelt wird und schwindet und dass auf der Welt die unlösliche Verbindung der Zeiten und der Durst nach Liebe, Mitgefühl und Verständnis überdauern werden.

Ich möchte mich bei allen bedanken: bei den lebenden und den bereits toten Freunden, bei den bekannten und unbekannten Menschen, die mir von überall her interessante und einzigartige Fotos für mein Archiv geschickt haben. Besonders danke ich meinem Freund, dem Meisterfotografen Walerij Krupskij, der mir seine besten Fotos zur Verfügung gestellt hat, von denen einige in dieses Buch eingegangen sind.

FSC
www.fsc.org
MIX
Papier | Fördert gute Waldnutzung
FSC® C083411

Zeitfracht Medien GmbH
Ferdinand-Jühlke-Straße 7
99095 Erfurt, Deutschland
produktsicherheit@kolibri360.de

Druck:
CPI Druckdienstleistungen GmbH
im Auftrag der
Zeitfracht Medien GmbH
Ein Unternehmen der Zeitfracht - Gruppe
Ferdinand-Jühlke-Str. 7
99095 Erfurt